De la debilidad a la fortaleza

Creciendo a través del sufrimiento

Trauma Healing
INSTITUTE

De la debilidad a la fortaleza

Creciendo a través del sufrimiento

DE LA DEBILIDAD A LA FORTALEZA: CRECIENDO A TRAVÉS DEL SUFRIMIENTO

Por Harriet Hill

Contribuyentes: Margaret Hill, Godfrey Loum, Uwingeneye Baraka Paulette, Charles Adu Twumasi, Desiree Guyton, Carol King

© 2022 Trauma Healing Institute, un ministerio de American Bible Society. Todos los derechos reservados.

A menos que se indique lo contrario, las citas de las Escrituras están tomadas de *Dios habla hoy*®, © Sociedades Bíblicas Unidas, 1966, 1970, 1979, 1983, 1996. Las citas bíblicas marcadas (NTV) están tomadas de la *Santa Biblia, Nueva Traducción Viviente,* © 2010 Tyndale House Foundation. Todos los derechos reservados.

Se concede permiso para reproducir partes del contenido en medios no vendibles para la instrucción educativa y de la iglesia. Cualquier uso del texto debe incluir el reconocimiento adecuado de la siguiente manera: *De la debilidad a la fortaleza: Creciendo a través del sufrimiento* con el aviso de derechos de autor completo que se muestra arriba. Para todas las demás solicitudes de cotización o solicitudes de reimpresión, escriba a Trauma Healing Institute.

Traducido del inglés *(Strength from Weakness)* por Ruth Suquillo y Verónica Ochoa Corado

Revisores: Heather Drew, Peter Edman, Richard Winter, Richard Baggé, Philip Monroe, Debbie Wolcott, Marilyn Goerz Davis

Revisores del español: Virginia Pratt y Nívea Santiago Rabassa

Ilustraciones: Ian Dale

Diseño: Peter Edman

Para recibir capacitación sobre cómo usar este libro para llevar a cabo el ministerio de sanidad de traumas, visite TraumaHealingInstitute.org o escriba a info@traumahealinginstitute.org.

ISBN 978-1-58516-371-7 / ABS Artículo 125338 (Tapa rústica)
ISBN 978-1-58516-383-0 / ABS Artículo 125400 (ePub)

Trauma Healing Institute
101 North Independence Mall East
Philadelphia PA 19106

traumahealinginstitute.org

Email: support@traumahealinginstitute.org

*Ellos, en su justicia, serán como grandes robles
que el Señor ha plantado para su propia gloria.
Reconstruirán las ruinas antiguas,
reparando ciudades destruidas hace mucho tiempo.
Las resucitarán, aunque hayan estado desiertas por muchas generaciones.*

Isaías 61:3b–4 NTV

*El Señor me ha dicho: «Mi amor es todo lo que necesitas;
pues mi poder se muestra plenamente en la debilidad».
…cuando más débil me siento es cuando más fuerte soy.*

2 Corintios 12:9–10

Tabla de contenidos

Introducción..9

Devocional de la cebolla..11

Lección 1. Luchando con Dios....................................... 13

Lección 2. El bien y el mal... 21

Lección 3. Trauma y bendición generacional 29

Lección 4. Vergüenza y culpa..39

Lección 5. Usando nuestros sentimientos para el bien................49

Lección 6. Conversaciones difíciles..................................57

Lección 7. Buscando la reconciliación...............................65

Lección 8. Buscando su propósito en la vida 73

Lección 9. Abogando por justicia....................................79

Ceremonia de clausura para sesiones de capacitación.................87

Recursos...89

Agradecimientos..93

Sobre la autora...95

Introducción

Este libro es el segundo de una serie. Su propósito es que sea usado después del primer libro, *Sanar las heridas del corazón: la iglesia puede ayudar*. El primer libro ayuda a las personas a sanar traumas y pérdidas usando principios bíblicos y de salud mental.

Este segundo libro, *De la debilidad a la fortaleza*, ayuda a las personas a crecer a través de su sufrimiento y los vuelve más resilientes para estar mejor preparados para enfrentar el sufrimiento en el futuro. Les ayuda a explorar más capas de su trauma y dolor y experimentar más capas de sanidad. Les ayuda a adquirir habilidades para conectarse con otros de manera más saludable de modo que se aborden las causas del trauma y se (re)establezca una comunidad fuerte y vibrante. Finalmente, ayuda a las personas a encontrar y cumplir su propósito en la vida. Esto puede incluir la defensa de justicia para quienes sufren opresión. Todas estas cosas funcionan juntas para aumentar la resiliencia.

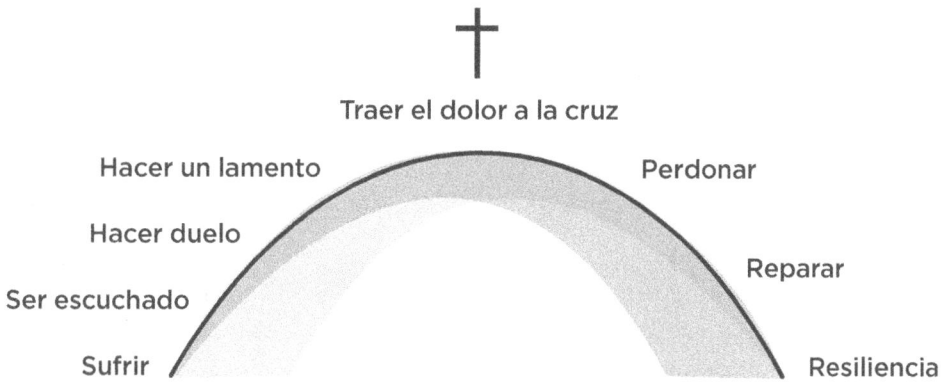

Figura 1. *Sanar las heridas del corazón* y *De la debilidad a la fortaleza* funcionan juntas para aumentar la resiliencia.

La figura 1 muestra el énfasis de los dos libros: *Sanar las heridas del corazón* da más atención a la primera mitad del diagrama de sanidad del trauma mientras que *De la debilidad a la fortaleza* da más atención a la segunda mitad.

Ambos libros son más efectivos cuando se usan en grupos liderados por facilitadores certificados. Póngase en contacto con info@traumahealinginstitute.org para encontrar un facilitador o una sesión para capacitar facilitadores.

Para obtener orientación sobre cómo dirigir grupos, refiérese a *Sanar las heridas del corazón: Guía del facilitador para grupos para sanar*. Los facilitadores deben usar los principios aprendidos en la capacitación mientras dirigen estas lecciones.

Cada una de las lecciones del libro *De la debilidad a la fortaleza* tendrá una duración mínima de 1 hora 30 minutos. Si el tiempo lo permite, realice todas las lecciones. Si su tiempo es limitado, seleccione las lecciones más relevantes para su grupo. Se sugieren cantidades de tiempo para cada sección para darle una idea de cómo planificar su tiempo. Utilice el tiempo que necesite para abordar el tema.

Para cada lección, hay una guía para el facilitador en la primera página que incluye la preparación recomendada y los objetivos. También hay instrucciones en cursiva a través de la lección que le guiarán al dirigir las actividades.

Lean juntos al menos algunos de los pasajes bíblicos sugeridos, ya que la Palabra de Dios es importante en el proceso de sanidad. Algunas citas clave aparecen en los cuadros a lo largo de la lección; decida si los va leer al grupo y si es así, en qué punto lo hará.

Para recibir capacitación sobre el uso de este libro, visite traumahealinginstitute.org/events. Los facilitadores ya capacitados pueden encontrar las respuestas a las preguntas frecuentes sobre cómo utilizar este material en el sitio web del facilitador del Instituto de Sanidad de Trauma.

Este material no está destinado a diagnosticar, tratar ni sanar ninguna enfermedad. No reemplaza el asesoramiento profesional. Si usa este material, demuestre que comprende esto.

Devocional de la cebolla

Antes de comenzar:

- Necesitará una cebolla por participante. Es bueno refrigerar las cebollas por 24 horas para disminuir el olor.
- Si es posible, realice este ejercicio al aire libre.
- Coloque una vela encendida en cada mesa para absorber el olor. Además, puede resultar útil abrir ventanas y puertas para que ingrese aire fresco.

En este devocional:

- Descubriremos las capas que ocurren en el trauma y la sanidad.
- Consideraremos cómo ser más pacientes con el proceso de sanidad.

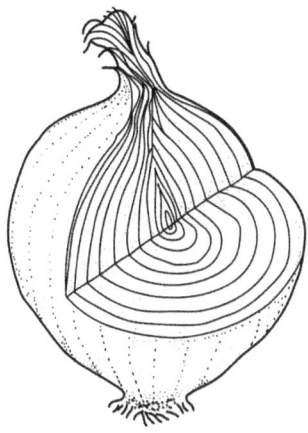

Figura 2. El trauma tiene capas como una cebolla.

EJERCICIO:

De la debilidad a la fortaleza nos ayuda a ver las capas más profundas de dolor que aún podemos estar cargando.

¿Qué podemos aprender de la cebolla sobre las capas de trauma y sanidad?

Guardando silencio, comience a pelar las capas de la cebolla. Use solo sus manos.

¿Qué observa? ¿Qué siente? ¿Qué huele? Solo observe; no piense en cómo esto se aplica a la sanidad.

Cuando todos hayan terminado, invite a que compartan lo que observaron en el grupo grande. Luego dirija la reflexión sobre las implicaciones para las capas de trauma y sanidad haciendo preguntas abiertas. Por ejemplo, cuando se da cuenta por primera vez de que está traumatizado, puede estar enojado, luego, a medida que pasa el tiempo, puede estar triste y más tarde puede estar ansioso. Dialogue esto en el grupo.

Lección 1. Luchando con Dios

Antes de comenzar:

- Para la sección 1: decida cómo presentará la historia.
    - Prepare tiras de papel con versículos.
    - Prepare un diagrama de tres aldeas en un rotafolio.
- Para la sección 2: prepare una imagen de un cajero automático en un rotafolio.
- Para la sección 3: prepare tiras de papel con versículos.

En esta lección:

- Descubriremos cómo dar un mejor sentido a nuestras experiencias de sufrimiento y fe.
- Aprenderemos que el duelo puede implicar una lucha con Dios.
- Veremos que luchar con Dios puede ser una evidencia de nuestra fe en lugar de una duda.
- Practicaremos a dejar de tratar de controlar a Dios.
- Experimentaremos un tiempo de descanso en el amor de Dios.

Introducción de la lección

¿Alguna vez ha tenido un momento en que no pudo entender lo que les sucedió, debido a sus creencias sobre el cuidado y la protección de Dios? Esta es a menudo nuestra experiencia después del trauma y la pérdida. Como Jacob luchó con el ángel en Génesis 32:22–32, podemos luchar con Dios mientras tratamos de entender lo que nos sucedió. Puede ser una parte de la buena batalla de la fe (1 Timoteo 6:12). ¡Podemos lamentarnos, luchar y discutir! Mucha gente en la Biblia luchó con Dios. En esta lección, veremos a Job.

1. Job lucha con Dios (30 min.)

Para los grupos que ya están familiarizados con la historia, vaya directamente a la pregunta de diálogo del grupo grande.

Había un hombre que se llamaba Job. Era el hombre más rico de su región con muchas granjas y animales. Tenía una gran familia. Era un buen hombre que respetaba a Dios y se negaba a hacer el mal.

Un día Satanás estaba con Dios, y Dios le preguntó si se había dado cuenta de lo fiel y bueno que había sido Job. Satanás respondió: "¿Por qué no debería respetarte? Le das éxito en todo lo que él hace. Quítale todo lo que posee y te maldecirá en tu cara". Dios le dijo a Satanás: "Está bien, haz lo que quieras con cualquier cosa que le pertenezca, pero no le hagas daño a Job".

Poco después, un mensajero llegó a Job y le dijo: "Los enemigos han atacado y robado tus bueyes y burros y han matado a tus sirvientes". Mientras todavía estaba hablando, un segundo mensajero dijo: "Dios envió un fuego que mató a tus ovejas y a tus siervos". Mientras aún estaba hablando, llegó un tercer mensajero y dijo: "Los enemigos robaron tus camellos y mataron a tus sirvientes". Mientras aún hablaba, llegó un cuarto mensajero y dijo: "Tus hijos estaban haciendo una fiesta y llegó una tormenta y derribó la casa, aplastando a todos tus hijos".

Después de escuchar todo esto, Job se rasgó la ropa y se afeitó la cabeza debido a su gran dolor. Se arrodilló en el suelo, adoró a Dios y dijo: "No traemos nada al nacer; no llevamos nada con nosotros al morir. El Señor da y quita. ¡Alabado sea el nombre del Señor! "A pesar de todo, Job no pecó ni acusó a Dios de obrar mal.

Poco tiempo después, Dios le preguntó a Satanás qué pensaba de Job ahora. Satanás dijo: "Golpea con dolor el propio cuerpo de Job, y él te maldecirá en tu cara". Entonces el Señor respondió: "¡Está bien! Haz sufrir a Job tanto como quieras, pero no lo mates".

Entonces Satanás hizo que le salieran llagas por todo el cuerpo de Job. Job se sentó junto al basurero y se raspó las llagas con un trozo de cerámica rota. Su esposa le dijo: "¿Por qué no maldices a Dios y mueres?" Job respondió: "¡No hables como un tonto! Si aceptamos las bendiciones de Dios, también debemos aceptar los problemas". En todo lo que sucedió, Job nunca dijo nada en contra de Dios.

Poco después, tres de sus amigos vinieron a consolarlo. Cuando vieron lo mucho que sufría, lloraron y se lamentaron. Luego se sentaron con él en silencio durante siete días.

Finalmente, Job rompió el silencio y maldijo el día en que nació. Entonces sus amigos le dijeron que su sufrimiento se debía a sus pecados y a los pecados de sus hijos. Job insistió en que no había pecado, pero ellos estaban seguros de que si él fuera inocente, Dios no habría permitido que estas cosas sucedieran. Lo acusaron una y otra vez para intentar que confesara. Finalmente, Job les dijo:

"¡Ustedes son terribles consoladores!" En lugar de consolar a Job, aumentaron su dolor.

Después, Job le pidió a Dios que le explicara lo que estaba sucediendo. Dios respondió preguntándole: "¿Cómo puse los cimientos de la tierra? ¿Estabas ahí? ¿Puedes ordenar a las nubes que envíen un aguacero, o que un relámpago destelle a tu orden? ¿Les diste a los caballos su fuerza? Una y otra vez, Dios le hizo a Job una pregunta tras otra que demostraba que él era más poderoso y más sabio que Job. Finalmente Job respondió: "He hablado de cosas que están más allá de mi comprensión".

Dios estaba enojado con los amigos de Job porque decían cosas acerca de Dios que no eran ciertas. Dios les dijo que trajeran un sacrificio y Job oraría por ellos para que fueran perdonados. Después de esto, Dios bendijo a Job con diez hijos más y el doble de tierra y animales que antes. Vivió hasta una edad avanzada y vio a sus bisnietos.

CONVERSACIÓN EN GRUPO GRANDE

¿Qué le sucedió a Job?

Invite a hacer comentarios en el grupo grande. Luego agregue cualquiera de los siguientes puntos que no hayan sido mencionados:

- Fue un hombre rico con muchos hijos.
- La tragedia lo golpeó y perdió todo en un día.
- Su cuerpo estaba cubierto con llagas.
- Fue un buen hombre temeroso de Dios.
- Sus amigos vinieron a consolarlo pero en realidad empeoraron su sufrimiento.

Job y sus amigos creyeron que Dios era justo y que la vida era predecible:

- Si obedecemos a Dios, él nos bendice.
- Si pecamos, Dios nos trae sufrimiento.

Estas creencias les hicieron sentir que podían controlar a Dios: si obedecían a Dios, él tenía que bendecirlos. Sus vidas eran prueba de que esto era cierto: habían obedecido a Dios y eran ricos y saludables.

Cuando Job perdió todo, sus amigos concluyeron que él debió haber pecado. El libro de Job nos dice algo que ellos no sabían, que Job no había pecado *(Job 1:1, 8, 22)*. Para Job, ya nada tenía sentido. Su sufrimiento inmerecido desafió lo que entendía de Dios.

CONVERSACIÓN EN GRUPOS PEQUEÑOS

1. En Job 7, ¿qué sentimientos expresó Job mientras luchaba con Dios? ¿Qué ilustraciones usó?
2. ¿Cómo respondió Dios?[1]

    a. *Job 38:1–5*
    b. *Job 39:9–12*
    c. *Job 40:3–10*

3. ¿Cómo respondió Job al final? *Job 42:1–6*
4. ¿Con quién estaba enojado Dios? ¿Por qué Dios estaba enojado con ellos? *Job 42:7–8*

Invite a hacer comentarios en el grupo grande. Luego agregue cualquiera de los siguientes puntos que no hayan sido mencionados:

- Dios hizo el universo y hay orden en él (*Job 6*), pero también hay cosas salvajes. No podemos controlar a Dios más de lo que podemos controlar a los asnos salvajes (*Job 39:9–12*).
- Job se rinde al amoroso control de Dios como creador y sustentador del universo. Ve la insensatez de pensar que puede entender o controlar a Dios (*Job 42:1–6*).
- Dios nunca condena a Job por hacer preguntas difíciles y enojadas. En cambio, Dios está enojado con los amigos de Job, por pensar que sabían por qué sufría Job. Les hace ofrecer un sacrificio y en lugar de amargarse con ellos, Job ora por ellos (*Job 42:7–8*).

CONVERSACIÓN EN GRUPO GRANDE

¿Cuál de estos puntos significan más para usted y por qué?

En la lección sobre el duelo de *Sanar las heridas del corazón* aprendimos cómo superar nuestras pérdidas al emprender un "viaje de duelo" a través de tres aldeas: la aldea Negación e Ira, la aldea Sin Esperanza y la aldea Nuevos Comienzos. Job emprende este doloroso viaje.

- **Aldea 1:** En Job 1–2, parece no haber sido afectado por estas tragedias. Él dice: "Desnudo salí del vientre de mi madre y desnudo partiré" (1:21). Se niega a quejarse (2:10) y alaba a Dios.
- **Aldea 2:** En Job 3–41, su tono cambia. Lucha con Dios para tratar de darle sentido a lo que sucedió.
- **Aldea 3:** En Job 42, dice: "¡Ahora mis ojos te han visto!"

---

[1] Vale la pena estudiar a Job con más profundidad. Por ejemplo, explore el capítulo 6:1–17, 28–30; capítulo 9:11–35; capítulo 10:1–22; o capítulo 21:1–17.

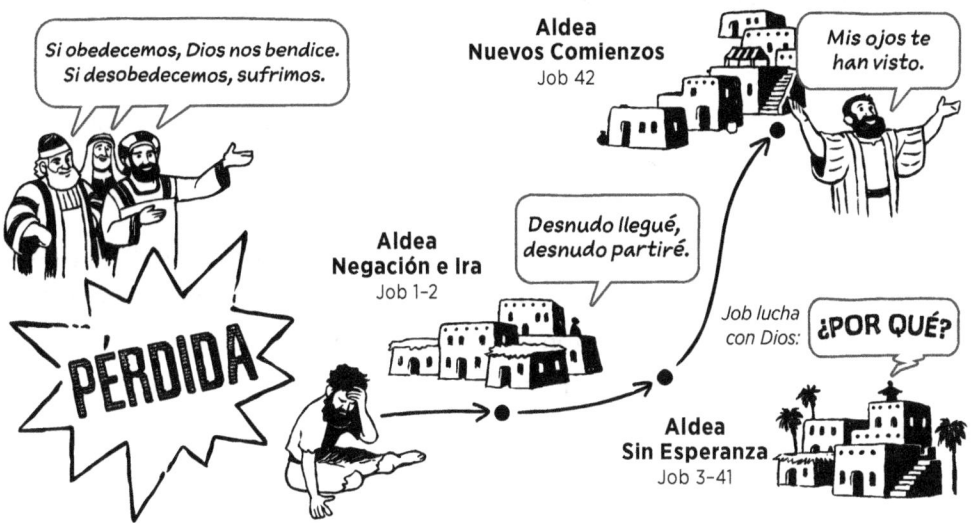

Figura 3. Viaje de duelo de Job

CONVERSACIÓN EN GRUPOS PEQUEÑOS

Piense en un momento en el que haya pasado por sufrimiento.

1. ¿Alguien insistió en que fue porque había pecado? Si es así, ¿cómo se sintió?
2. Cuando estaba sufriendo, ¿aprendió algo nuevo acerca de Dios? Explique.

2. No podemos controlar a Dios (10 min.)

Haga una dramatización de una persona sacando dinero de un cajero automático:[2]

- Juana pone una tarjeta de crédito/débito dentro de un cajero automático.
- Especifica el monto.
- Retira el efectivo y posiblemente el recibo.
- Tiene una gran sonrisa.

Figura 4. Dios no es como un cajero automático

CONVERSACIÓN EN GRUPOS PEQUEÑOS

1. ¿Puede pensar en ocasiones en las que usted u otros esperaban que Dios respondiera como un cajero automático? Si es así, explique el pensamiento detrás de esto.

---

[2] Si no se conocen cajeros automáticos en su área, use el ejemplo de una tienda. Paga la cantidad correcta de dinero al comerciante y él o ella le entrega el artículo.

2. ¿En qué se diferencia nuestra relación con Dios de nuestra relación con un cajero automático?

Invite a hacer comentarios en el grupo grande. Luego agregue cualquiera de los siguientes puntos que no hayan sido mencionados:

- Si compartimos las mismas creencias que Job y sus amigos tenían, podríamos creer que si obedecemos a Dios, él tiene que bendecirnos, pero nuestra relación con Dios es de amor, y el amor requiere libertad.
- Tenemos libertad para obedecer o desobedecer, y Dios también tiene libertad para responder.
- A veces, nuestras emociones pueden calentarse.
- Podemos sentirnos enojados con Dios por la forma en que nos sorprende, cuando no cumple nuestras órdenes.
- Es posible que no comprendamos o no veamos el amor de Dios.

3. ¿Qué enseña la Biblia sobre el sufrimiento? (25 min.)

¿Qué nos dicen estos pasajes acerca del sufrimiento y el pecado?

Hebreos 11:32–40
Lucas 6:20–26
Romanos 8:18–23
Mateo 5:45b
Juan 10:10
Hebreos 12:5–11
1 Pedro 3:17

Invite a hacer comentarios en el grupo grande. Luego agregue cualquiera de los siguientes puntos que no hayan sido mencionados:

- Muchas personas de gran fe sufrieron; se les conoce como aquellos "de quienes el mundo no era digno" (*Hebreos 11:32–40*).
- Jesús dijo que los pobres, hambrientos, los que lloran, los odiados, los burlados o los excluidos son bendecidos, pero el sufrimiento espera a los ricos, gordos y felices (*Lucas 6:20–26*).
- Vivimos en un mundo caído donde toda la creación gime, nosotros gemimos y el Espíritu Santo gime (*Romanos 8:18–23*).
- Tanto la gente buena como la mala sufre (*Mateo 5:45b*).
- Satanás continúa tratando de robar, matar y destruir (*Juan 10:10*).
- A veces, el sufrimiento significa que Dios nos disciplina con amor para que podamos mejorar (*Hebreos 12:5–11*).
- A veces podemos sufrir cuando estamos haciendo el bien (*1 Pedro 3:17*). No podemos concluir que el sufrimiento siempre significa que hemos pecado. Dios puede estar usando nuestra experiencia de formas que no conocemos.

4. ¿Cómo se ve la fe en tiempos de sufrimiento? (15 min.)

Cuando sufrimos, ¿cómo es la fe? A veces es el momento de expresar nuestros sentimientos de traición y decepción abiertamente a Dios en un lamento, como aprendimos en *Sanar las heridas del corazón*. La cruda agonía que Job expresó nos brinda un buen ejemplo a seguir.

> **CONVERSACIÓN EN GRUPOS PEQUEÑOS**
>
> 1. ¿Ve la lucha con Dios como un signo de gran fe o de duda? Explique su respuesta.
> 2. ¿Por qué cree que algunas personas evitan luchar con Dios? ¿Cómo lo evitan?

Invite a hacer comentarios en el grupo grande. Luego agregue cualquiera de los siguientes puntos que no hayan sido mencionados:

- Dios da la bienvenida a nuestras preguntas difíciles.
- Nuestras preguntas muestran que creemos que Dios está ahí, que está escuchando, que se preocupa y que responderá.
- Cuando luchamos con Dios acerca de estas preguntas difíciles, a menudo nos deshacemos de creencias erróneas.
- Crecemos a través de nuestro sufrimiento.
- Alcanzamos un nuevo nivel de conocimiento de Dios: que él tiene el control, no nosotros.
- Luchar con Dios puede parecer aterrador, pero de hecho, es una comprensión mucho más segura y correcta de la vida.
- A menudo, todo lo que podemos saber con certeza es que Dios nos ama.
- No siempre entenderemos por qué suceden ciertas cosas.

5. Ejercicio de clausura (10 min.)

En muchos Salmos de lamento, el salmista lucha con Dios como lo hizo Job. Después de luchar y lamentarse, el salmista en Salmos 131 llega al mismo lugar que Job: un lugar de paz y contentamiento. Se compara a un niño destetado.

CONVERSACIÓN EN GRUPO GRANDE

Durante el destete, ¿cómo actúa un niño?

Después de ser destetado, ¿cómo actúa un niño?

CONVERSACIÓN EN PAREJAS

1. ¿Está luchando con Dios por algo? Explique.
2. ¿Ve algún progreso en estar más en reposo, como un niño destetado? Explique.

REFLEXIÓN INDIVIDUAL

Mantenga silencio, cierre los ojos y escuche este salmo. Incluso si aún no está completamente en paz, imagínese por un momento tan contento como un niño destetado.

Figura 5. Como un niño destetado con su madre

Señor, mi corazón no es orgulloso;
  mis ojos no son altivos.
No me intereso en cuestiones demasiado grandes
  o impresionantes que no puedo asimilar.
En cambio, me he calmado y aquietado,
  como un niño destetado que ya no llora por la leche de su madre.
  Sí, tal como un niño destetado es mi alma en mi interior.

(Salmos 131:1-2 NTV)

Lección 2. El bien y el mal

Antes de comenzar:

- Para la sección 1 prepare tiras de papel con asignaciones de grupo.
- Para la sección 2 prepare tiras de papel con versículos.
  - Prepare en un rotafolio 2 columnas, columna que diga "lo bueno" y otra columna que diga "lo malo".
  - Tenga papel y marcadores / pinturas / lápices disponibles para que cada persona en sus mesas participe en el ejercicio de arte.
- Para la sección 3, haga 4 copias de la dramatización y elija a 4 personas para que lo representen.
- Para la sección 3, prepare tiras de papel con versículos.
- Para la sección 4, prepare tiras de papel con versículos.
- Prepare en un rotafolio 2 columnas, una para "Alimentar el bien" y otra para "Alimentar el mal".

En esta lección:

- Analizaremos la naturaleza del bien y del mal.
- Exploraremos formas de elegir el bien en nuestras vidas.
- Identificaremos áreas donde somos vulnerables al mal.
- Exploraremos el principio de sembrar y cosechar.

Introducción de la lección

A veces, cuando sufrimos, vemos cuán malvadas pueden ser las personas entre sí. ¿Cómo es que la gente se vuelve tan malvada? ¿Y cómo podemos elegir dedicar nuestras vidas a hacer el bien?

Si somos víctimas de un trauma, el dolor que experimentamos puede ser una oportunidad para que Satanás y el mal entren en nuestras vidas (*Efesios 4:27*). Podemos encontrarnos lastimando a otros de la misma manera que nos lastimaron, aunque nunca tuvimos la intención de hacer esto (*Romanos 7:15*). Las personas lastimadas hieren a otras personas. Necesitamos saber dónde somos débiles para poder tener especial cuidado.

1. Caín y Abel (25 min.)

Después de que Adán y Eva fueron expulsados del jardín del Edén, Eva dio a luz dos hijos. El hijo mayor se llamaba Caín; el menor, Abel. Cuando crecieron, Abel se convirtió en pastor y Caín se convirtió en agricultor. Después de algún tiempo, Caín llevó algo de su cosecha y lo dio como una ofrenda al Señor. Luego Abel llevó el primer cordero nacido de su oveja, lo mató y dio las mejores partes como una ofrenda. El Señor se complació con Abel y su ofrenda, pero rechazó a Caín y su ofrenda.[3]

Caín se enfureció y frunció el ceño con ira. Luego el Señor dijo a Caín, "¿Por qué estás enojado? ¿Por qué está fruncido tu rostro? Si hubieras hecho las cosas correctas, podrías estar sonriendo pero hiciste lo malo, el pecado está en tu puerta. Quiere controlarte pero debes vencerlo". Luego Caín dijo a Abel, "Salgamos a los campos". Cuando estuvieron en los campos, Caín se volvió a su hermano y lo mató.

El Señor le preguntó a Caín, "¿Dónde está tu hermano Abel?"

El respondió, "No lo sé. ¿Acaso yo tengo que cuidar de mi hermano?"

Luego el Señor dijo, "¿Por qué has hecho esta cosa terrible? La sangre de tu hermano está clamando desde la tierra como una voz pidiendo venganza. Te has puesto bajo una maldición y ya no podrás cultivar el suelo. Si tratas de cultivar, a tierra no producirá nada; serás un desamparado sin hogar en la tierra".

Caín suplicó al Señor por misericordia. Estaba temeroso de que las personas intentaran matarlo. Así que Dios le puso una marca para advertir a cualquiera que lo encontrara que no lo matara, y luego Dios lo despidió.

(Adaptado de Génesis 4:1–16)

Mucho más tarde en el Nuevo Testamento, se recuerda a Abel como alguien que, por fe, ofreció una ofrenda mejor que Caín (*Hebreos 11:4*). Caín es recordado como uno que asesinó a su hermano porque sus acciones eran malas y las de su hermano eran buenas (*1 John 3:12*).

CONVERSACIÓN EN GRUPOS PEQUEÑOS

Haga que dos grupos usen su imaginación para preparar las siguientes dramatizaciones. Otros grupos pueden reflexionar sobre la historia bíblica.

> Caín tenía opciones en esta historia. Cada vez que tomaba una decisión incorrecta, permitía que el mal reinara en su corazón, lo que hacía más difícil hacer el bien.
>
> **Grupo 1:** Haga una dramatización sobre cómo podría haber terminado la historia si Caín no hubiera dejado que el pecado lo dominara cuando Dios rechazó su ofrenda.

---

[3] Tenga en cuenta que la historia dice que Abel ofreció las mejores partes del primer cordero de una de sus ovejas, mientras que dice que Caín acaba de traer algo de su cosecha.

Grupo 2: Haga una dramatización de Caín diciéndole la verdad a Dios sobre dónde estaba Abel después de haberlo matado.

Otros grupos: Lea la historia bíblica y analice las elecciones de Caín.

- ¿De qué manera afectaron a Caín sus decisiones?
- ¿Cómo afectaron a quienes lo rodeaban?
- ¿Cómo las decisiones de Caín afectaron a su relación con Dios?
- ¿De qué maneras pudo haber actuado diferente?

CONVERSACIÓN EN GRUPO GRANDE

Mientras presentan las dramatizaciones, conversen:

1. ¿Qué aprendemos de esta historia sobre cómo el mal puede crecer en nuestro corazón?
2. ¿Qué hace que sea más difícil elegir hacer lo correcto después de haber tomado una mala decisión?
3. Si alguna vez se ha sentido como Caín, levante la mano.

2. La naturaleza del bien y el mal (25 min.)

¿Qué nos dicen estos versículos acerca de quiénes son afectados por el mal y cómo se ven afectados?

Romanos 3:23; 5:12 *1 Pedro 5:8–9*
Salmos 14:1–3 *1 Juan 2:16*

Invite a hacer comentarios y luego agregue cualquiera de los siguientes puntos que no hayan sido mencionados:

- Todos hemos pecado.
- Todos tenemos la capacidad de hacer el bien y el mal.
- Todos necesitamos tener cuidado por la tendencia que hay dentro de nosotros para hacer cosas malas. Es un desafío diario elegir bien.

> **REFLEXIÓN INDIVIDUAL**
>
> Escriba las tres primeras cosas que le vienen a la mente cuando piensa en lo que su cultura considera que es:
>
> - algo muy bueno.
> - algo muy malo.

En el grupo grande, haga que las personas compartan sus ideas y anoten las respuestas de todos [lo que la cultura dice que es bueno en una lista y lo que la cultura dice que es malo en otra lista].

Las culturas definen el bien y el mal de manera diferente. Por ejemplo, en algunas culturas ser generoso es mejor que cualquier otra cosa, mientras que en otras llegar a tiempo es la marca de una buena persona. Aunque las culturas varían, la Biblia nos ayuda a comprender la naturaleza del bien y del mal para todas las personas y culturas.

CONVERSACIÓN EN GRUPO GRANDE

¿Qué nos dicen estos pasajes sobre la naturaleza del bien y del mal?

Juan 8:44
Santiago 1:14–15
Romanos 6:16
Santiago 1:17–18
Proverbios 19:23
Juan 1:4–5

Invite a hacer comentarios y luego agregue cualquiera de los siguientes puntos que no hayan sido mencionados:

Bien:

- es puro y verdadero (*Santiago 1:17–18*).
- conduce a la vida, la sabiduría y el sentimiento de satisfacción (*Proverbios 19:23*).
- es más fuerte que el mal y nunca se extinguirá (*Juan 1:4–5*).

Mal:

- se basa en mentiras y engaños (*Juan 8:44*). Como Satanás en el jardín del Edén, o como Jesús en el desierto, el mal mezcla la verdad con la mentira para engañarnos.
- promete hacernos felices, pero no puede cumplir ni satisfacer; solo nos deja anhelando más (*Santiago 1:14–15*).
- lleva a la locura y la destrucción (*Romanos 6:16*).

EJERCICIO DE ARTE

Piense en la naturaleza del bien y del mal. Divida un papel por la mitad y haga un dibujo (o arte de palabras) del mal en una mitad y del bien en la otra. Vuelvan a reunirse para que algunos puedan compartir lo que hicieron con el grupo grande.

3. Conozca a su enemigo (15 min.)

Represente esta dramatización:

Personajes:
Juan
La tentación
El Espíritu Santo

Juan se sienta en una silla con la *Tentación* susurrando detrás de su oreja izquierda, y el *Espíritu Santo* detrás de su oreja derecha.

Juan es el tesorero de su iglesia. Tiene el dinero en su casa. Acaba de enterarse de que su madre está muy enferma y necesita dinero para ir al hospital. Es fin de mes y no le queda dinero propio.

Tentación: Solo toma algo del dinero de la iglesia. Siempre lo puedes reponer al mes siguiente.

Espíritu Santo: ¡No, no robes!

Tentación: ¿No vas a cuidar de tu madre? ¡Ella necesita tu ayuda!

Espíritu Santo: Piensa en otras maneras de obtener algo de dinero. ¿Tal vez un amigo podría ayudar?

Tentación: ¿Por qué vas a molestar a tus amigos? ¡El dinero está justo ahí delante de ti!

Espíritu Santo: La iglesia te ha confiado para que cuides su dinero; no rompas su confianza.

Tentación: Nadie necesita saber que has tomado dinero. ¡Solo hazlo!

Espíritu Santo: La Biblia dice, «no robarás». Solo cosas malas provienen de romper la ley de Dios.

Tentación: Pero Dios entenderá en este caso. Después de todo, ¡es la vida de tu madre!

Espíritu Santo: ¡Pero piensa! ¿Hay algún amigo al que le pidas que te preste dinero hasta que recibas tu salario?

Tentación: ¡No! ¡Qué vergüenza pedir ayuda!

CONVERSACIÓN EN GRUPOS PEQUEÑOS

¿Qué debería hacer Juan?

CONVERSACIÓN EN GRUPO GRANDE

Lea todos o algunos de estos pasajes y dialogue:

¿Cómo estas personas de la Biblia se dejaron engañar para hacer el mal? ¿Qué podemos aprender de sus errores?

Adán y Eva: Génesis 3:1–4
David con Betsabé: 2 Samuel 11:1–5
Acán: Josué 7:20–21
Ananías y Safira: Hechos 5:1–11
Saúl y Samuel: 1 Samuel 13:7b–14

Invite a hacer comentarios en el grupo grande. Luego agregue cualquiera de los siguientes puntos que no hayan sido mencionados:

- El mal no puede tomar ningún terreno que no le demos. En todas estas historias bíblicas, la gente tuvo una opción, y nosotros también (*Mateo 7:13-14 y 23:37b*). Necesitamos estar familiarizados con los planes malvados de Satanás para no ser burlados por él (*2 Corintios 2:11*).
- Nuestros corazones son engañosos y corruptos (*Jeremías 17:9*). Podemos racionalizar nuestros pecados diciéndonos a nosotros mismos no está realmente mal, no está mal para nosotros, o no está mal "en estas circunstancias". O puede que seamos buenos la mayor parte del tiempo, pero tiene un pecado secreto. Necesitamos vigilar de cerca nuestros corazones engañosos.
- Necesitamos discernimiento porque el mal siempre se mezcla con al menos algún bien.
- La vergüenza puede impedirnos decirnos a nosotros mismos y a los demás la verdad.

Incluso con nuestros mejores esfuerzos, cometeremos errores (*Romanos 7:14-15*). Cuando eso suceda, podemos confesar nuestras faltas a Dios y estar seguros de Su perdón (*1 Juan 1:9*). Para resistir las tentaciones que están mal en el futuro, debemos recordar que Dios promete ayudarnos cuando seamos tentados y mostrarnos una salida (*1 Corintios 10:13*).

4. El principio de sembrar y cosechar (20 min.)

La Biblia nos dice que cosecharemos lo que sembramos (*Gálatas 6:7-8*). Esto no significa que siempre cosecharemos exactamente lo que sembramos o que cosecharemos de inmediato, o que siempre sembraremos cosas buenas. Pero en general, con el tiempo, cosechamos lo que sembramos, como se ilustra en esta historia:

Un abuelo estaba hablando con su nieto. Vivían tiempos muy difíciles. La gente estaba pobre y hambrienta. Había mucha frustración y un gran malestar.

El abuelo dijo: "Siento que tengo dos lobos peleando en mi corazón. Un lobo es vengativo, enojado, violento. El otro lobo es amoroso y compasivo.

El nieto le preguntó: "¿Qué lobo ganará la pelea en tu corazón?"

El abuelo respondió: "El que yo alimente".

Figura 6. Lo que alimentas gana

CONVERSACIÓN EN GRUPO GRANDE

Sembramos bien para mostrar nuestro amor por Dios en respuesta a su amor por nosotros (*1 Juan 4:19; Juan 15:10; Efesios 2:8–10*), no para tratar de ganarnos su amor o bendiciones.

1. ¿De qué manera las personas alimentan el bien en sus vidas?
2. ¿De qué manera las personas alimentan el mal en sus vidas?

Lea *Santiago 1:14–15*.

3. ¿Cómo estos pasajes de la Biblia se relacionan con la historia sobre los lobos?
4. Entonces, ¿cómo podemos alimentar el bien en nuestras vidas?

Invite a hacer comentarios en el grupo grande. Luego agregue cualquiera de los siguientes puntos que no hayan sido mencionados:

- Podemos sembrar algo pequeño (el viento) y cosechar algo grande (un torbellino) (*Oseas 8:7a*).
- Si alimentamos el mal, nos lleva a un anticipo del infierno en la tierra. Si alimentamos el bien, nos lleva a un anticipo del cielo en la tierra (*Efesios 1:13–14*).

CONVERSACIÓN EN GRUPOS PEQUEÑOS

Lea los versículos a continuación. ¿Qué dicen acerca de alimentar el bien y el mal en nuestras vidas?

Efesios 5:11   *Hebreos 10:24–25 y 1 Corintios 15:33*
Juan 3:19–21   *Juan 8:44 y 10:10*
Juan 8:32   *Filipenses 2:3–4*

Invite a hacer comentarios en el grupo grande. Luego agregue cualquiera de los siguientes puntos que no hayan sido mencionados:

Alimentando el bien en su vida	Alimentando el mal en su vida
Luz: Buscando la luz. Exponiendo secretos.	Oscuridad: Guardando secretos.
Verdad: Alimentándose de la verdad.	Mentiras: Alimentándose de mentiras.
Paciencia: Esperar lo correcto de la manera correcta.	Impaciencia: Dispuesto a robar, matar y destruir para cumplir objetivos.
Siendo humilde y preocupándose por los demás.	Siendo orgulloso y ensimismado. Egoísta.
Compañerismo con personas que aman el bien.	Manteniendo compañía con personas que aman lo malo.

5. Ejercicio de clausura (5 min.)

REFLEXIÓN INDIVIDUAL

1. ¿Qué le susurra la tentación al oído? ¿De qué manera es probable que se sienta tentado a hacer el mal?
2. ¿Cómo ha visto la misericordia de Dios cuando ha tomado malas decisiones?
3. Si ha sido engañado por el mal, ¿qué pasos prácticos puede tomar?

Ore por el grupo, para que tengan la valentía y la fortaleza para hacer lo que deben, para vencer el mal en sus vidas y promover el bien.

Lección 3. Trauma y bendición generacional

Antes de comenzar:

- Para la sección 2: tenga una hoja grande de papel para cada persona disponible en las mesas.
- Para la sección 6: tenga una pequeña piedra y un marcador para cada persona en las mesas.

En esta lección:

- Exploraremos las formas en que el trauma y las bendiciones se pueden transmitir de generación en generación.
- Dialogaremos sobre la tensión entre ser víctima de un trauma generacional y asumir la responsabilidad de nuestras propias elecciones.
- Identificaremos el trauma generacional y la bendición en nuestras propias familias.
- Pensaremos en ideas sobre cómo podemos detener el ciclo del trauma generacional.

Introducción de la lección

Al pensar en el sufrimiento que hemos experimentado, es útil mirar más allá de nuestras propias vidas hacia nuestra historia familiar y grupal. El trauma y las bendiciones se transmiten de una generación a la siguiente. Para abordar estas raíces, necesitamos descubrirlas.

1. Historia de Daniela (15 min.)

Daniela había vivido tiempos difíciles. Pero la vida había mejorado un poco desde que se calmaron los disturbios en el país. La ciudad en la que vivía se sentía más tranquila y la ciudad cercana estaba siendo reconstruida. Los nuevos funcionarios del gobierno parecían querer ayudar a la gente a recuperarse. Daniela tenía una cautelosa esperanza de nuevos comienzos y creía que si formaba una familia con su esposo Santiago, recuperaría algo de la cercanía que habían sentido por primera vez cuando se casaron unos años antes.

Después de varios abortos espontáneos, Daniela dio a luz a gemelos, Sara y Felipe. El nacimiento de los gemelos trajo alegría al corazón de Daniela. Tenía la esperanza de que Santiago comenzara a pasar más tiempo en casa. Cuando la incertidumbre comenzó a aumentar en su país, había sido agradable cuidarse y apoyarse mutuamente. Pero desde que Santiago había regresado de servir en el ejército, parecía que se había olvidado de lo que solían compartir. Su tiempo en el ejército lo había cambiado. Rara vez sonreía y a menudo pasaba las noches fuera de la casa, a menudo bebiendo para adormecer el dolor. Santiago tuvo dificultades para encontrar trabajo y cuando lo conseguía, sus hábitos a menudo lo hacían perderlo.

Daniela asumió gran parte de la responsabilidad de mantener a la familia trabajando duro como costurera. Cuando era niña, recordaba haber visto a su madre trabajar largas horas en la noche cosiendo para mantener a la familia. Su padre había muerto en un levantamiento en su ciudad poco después de que ella naciera. Daniela había escuchado historias de sus hermanos mayores sobre cómo su padre no estaba a menudo en la casa, pero su madre nunca había hablado de estas cosas.

Daniela hizo lo mejor que pudo para brindar seguridad y amor a sus hijos, pero había muy poca paz en su hogar. Como su madre, Daniela guardó silencio sobre su dolor y sus pérdidas. Hubo muchas noches en las que Santiago le gritó a Daniela y luego salió de la casa. Cuando Sara y Felipe eran adolescentes, con frecuencia se iban a la cama asustados, confundidos e incapaces de conciliar el sueño. A pesar de que Daniela se sentía cansada y triste la mayor parte del tiempo, descubrió que cuidar a sus hijos le daba un propósito. Daniela y los niños asistían a la iglesia los domingos. Encontraron algo de descanso y consuelo allí. Santiago nunca se unió a ellos.

Sara y Felipe pudieron terminar la escuela, pero Sara tuvo más dificultades que su hermano porque a menudo le resultaba muy difícil concentrarse. Daniela quería desesperadamente ayudar a sus hijos a tener un futuro mejor y por eso ahorró suficiente dinero a lo largo de los años para enviarlos a ambos a la universidad en la ciudad.

Los hermanos vivieron juntos durante la universidad. Felipe inició sus estudios con gran interés y motivación. Recordó lo duro que trabajaba su madre y buscaba que ella estuviera orgullosa de él. Pasó la mayor parte de su tiempo yendo a clase y estudiando. Los domingos seguía asistiendo a la iglesia.

A Sara no le estaba yendo bien con sus estudios. Le resultaba difícil concentrarse. Disfrutaba viviendo en la ciudad donde todo le parecía nuevo y emocionante. Felipe intentó hablar con ella sobre sus preocupaciones, pero ella se negó a escuchar y finalmente se mudó por su cuenta.

Después de graduarse, Felipe pudo conseguir un buen trabajo. Cuando murió su padre, Sara no asistió al funeral. Había dejado de responder llamadas y correos electrónicos y nadie de la familia tenía contacto con ella. Tanto Felipe como Daniela oraban para que algún día pudieran reunirse con Sara.

Entonces, un día, Felipe recibió una llamada de Sara que parecía frenética y le dijo que estaba en un hospital cercano. Al fondo, podía escuchar a un niño llorando. Sara dijo que no podía volver con su novio porque acababa de golpear a su hija de dos años, Abigail, quien estaba siendo tratada por una fractura en el brazo. "Felipe, no sé qué hacer. ¿Puedes ayudarnos a estar a salvo?"

CONVERSACIÓN EN GRUPOS PEQUEÑOS

1. ¿Qué contribuyó a las dificultades que experimentaron Santiago y Daniela?
2. ¿Cómo impactaron sus padres a Sara y Felipe?
3. ¿Qué fortalezas pueden haberse transmitido de generación en generación? ¿Qué desafíos?

2. ¿Qué es el trauma y la bendición generacional? (30 min.)

El trauma generacional es un trauma que se transmite de una generación a la siguiente. Por ejemplo, adicciones, violencia doméstica, racismo y prejuicios, a menudo se transmiten de padres a hijos. La bendición generacional es la bendición que los hijos heredan de sus padres. Esto puede incluir una fe fuerte en Dios, integridad, bienestar emocional, bienestar económico y esperanza para el futuro *(Éxodo 20:4–6)*.

El trauma generacional se puede transmitir:

- a través de lo que se enseña y se modela en una familia y una sociedad.
- de madre a hijo durante el embarazo.

CONVERSACIÓN EN GRUPO GRANDE

¿Cómo podría cada una de las reacciones al trauma listadas a continuación afectar la capacidad de una persona para funcionar con sus hijos?

1. Revivir una experiencia traumática
2. Evitar el dolor evitando sentir cualquier emoción, estando distante, usando analgésicos (drogas, alcohol, medicamentos)
3. Estar alerta todo el tiempo, tenso, asustado

Invite a hacer comentarios en el grupo grande. Luego agregue cualquiera de los siguientes puntos que no hayan sido mencionados:

- Si crecemos en una familia fuerte y cariñosa, es más fácil tener una fuerza interior.
- Si crecemos en un hogar que no es seguro, corremos el riesgo de transmitir el dolor y la inseguridad a nuestros hijos, y el ciclo continúa.

- Es posible que no entendamos por qué seguimos experimentando emociones dolorosas.
- Incluso en los casos difíciles, hay esperanza.
- Los niños que han experimentado un trauma pueden sanar, aun cuando tienen solo un adulto cariñoso en su vida.

ACTIVIDAD: HACER UN ÁRBOL GENEALÓGICO[4]

Para explorar el trauma y la bendición generacional en su familia, haga un árbol genealógico. El ejemplo de la figura 7 muestra el árbol genealógico de la familia de Daniela durante cuatro generaciones.

- Use un lápiz cuando haga su árbol genealógico ya que puede necesitar borrar y ajustar a medida que avanza.
- Es posible que no conozca a todos sus parientes, pero incluya a todos los que conoce, vivos o muertos. Si no conoce a muchos de sus parientes, incluya personas que sean "como familia" y agréguelos para que pueda obtener más información acerca de su formación, y así completar su árbol genealógico.
- Decida qué generaciones incluirá. El ejemplo de la familia de Daniela incluye 4 generaciones, porque no incluye las generaciones anteriores a su madre. Haga una fila para cada generación. Empiece por ubicarse en la fila apropiada de su familia.
- Una línea horizontal entre dos personas indica matrimonio. Si un hombre tiene más de un cónyuge, coloque varias líneas diagonales desde el hombre, comenzando con la primera esposa a la izquierda. Coloque una línea vertical hacia abajo desde un matrimonio para mostrar a los niños, desde el mayor en la parte superior hasta el más joven. Marque con una X cualquier persona fallecida.

---

[4] Facilitador: Esté disponible para ayudar a las personas a trabajar en sus árboles genealógicos. Si a alguien le duele demasiado, anímelo a que se tome un descanso. Asegúreles que hay esperanza incluso si su familia ha pasado el trauma.

Árbol genealógico de Daniela

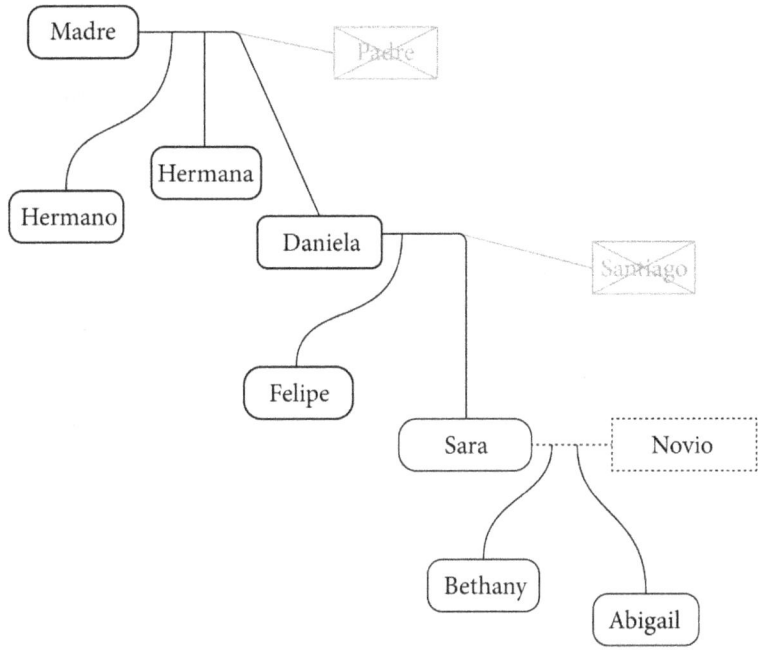

Figura 7. Ejemplo de árbol genealógico

CONVERSACIÓN EN PAREJAS

¿Qué le resultó útil o difícil en esta actividad?

Comparta comentarios.

Ahora que ha dibujado su árbol genealógico, en la siguiente sección consideraremos las fuentes de trauma y bendición que pueden haber afectado a los miembros de la familia a lo largo de las generaciones.

3. Identificando trauma y bendición generacional (20 min.)

En *Sanar las heridas del corazón*, hay tres preguntas que nos ayudan a escuchar a las personas cuando cuentan su historia de trauma: 1) ¿Qué sucedió? 2) ¿Cómo se sintió? y 3) ¿Cuál fue la parte más difícil? Al analizar el trauma generacional, es posible que deba investigar un poco para responder la pregunta: "¿Qué sucedió?"

CONVERSACIÓN EN GRUPO GRANDE

¿Por qué podría ser difícil conocer la historia de su familia?

Invite a hacer comentarios en el grupo grande. Luego agregue cualquiera de los siguientes puntos que no hayan sido mencionados:

- A menudo las familias ocultan experiencias vergonzosas. Podemos pensar que sabemos todo acerca de los miembros de nuestra familia y luego se revela un secreto familiar, por ejemplo, un tío que pensabas que murió de una enfermedad en realidad se quitó la vida.
- No hay registro de lo que ocurrió en generaciones anteriores.
- Las personas pueden estar separadas y haber perdido contacto entre ellas.

ACTIVIDAD: IDENTIFICANDO EL TRAUMA Y LAS BENDICIONES GENERACIONALES

Mire su árbol genealógico y piense en cada persona. ¿Alguien en su familia experimentó un trauma? Lea a continuación la lista y escriba o abrevie la palabra al lado del nombre de cualquier persona que haya experimentado ese tipo de trauma. Agregue cualquier otro trauma que se le venga a la mente para su familia.

Adicción	Divorcio/separación	Enfermedad mental
Abuso doméstico	Abuso sexual	Discapacidad
Muerte repentina	Infidelidad	Enfermedad crónica
Suicidio	Poligamia	Pobreza
Prisión	Secuestro	

Ahora piense en las importantes bendiciones que han transmitido los miembros de la familia. Lea a continuación la lista y escriba la palabra o abreviatura de la palabra junto al nombre de cualquiera que haya transmitido ese tipo de bendición. Agregue alguna otra bendición que se le venga a la mente sobre su familia.

Honestidad	Fe en Dios	Amabilidad
Valentía	Fidelidad en el matrimonio	Paciencia
Humor	Prosperidad económica	Educación

CONVERSACIÓN EN PAREJAS

1. ¿Observa usted algún patrón de trauma que se transmita de generación en generación en su familia? Explique.
2. ¿Observa usted algún patrón de bendición que se transmita de generación en generación en su familia? Explique.
3. ¿Le falta información sobre su familia? ¿Cómo le hace sentir eso?
4. ¿Qué le está transmitiendo usted a la próxima generación?

4. Trauma y bendición generacional en la Biblia (15 min.)

¿Qué dice la Biblia sobre el trauma y la bendición generacional?

> **CONVERSACIÓN EN GRUPOS PEQUEÑOS**
>
> Lea *Éxodo 34:6–7* y *Jeremías 18:7–10*.
>
> 1. ¿Usted cree que Dios nos castiga por los pecados de nuestros abuelos, o que nos hace responsables de las decisiones que tomamos? ¿Cómo relaciona estos pasajes?
> 2. ¿Dónde cree que se queda la gente en el "medidor de la responsabilidad"? ¿Cuánto somos víctimas de la herencia de nuestra familia y cuánto somos responsables de las decisiones que tomamos?
> 3. ¿Dónde se ubica usted en este "medidor de responsabilidad" en este momento?

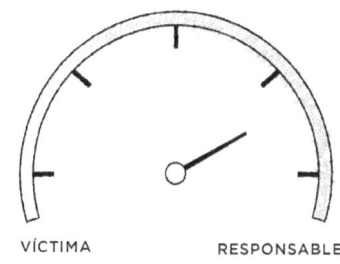

Figura 8. Medidor de la responsabilidad

Invite a hacer comentarios en el grupo grande. Luego agregue cualquiera de los siguientes puntos que no hayan sido mencionados:

- Los ciclos de trauma generacional continúan hasta que se rompen.
- La buena noticia es que, con esfuerzo, ¡los ciclos se pueden romper!
- Podemos optar por hacer el bien y detener el ciclo del dolor.
- No hay maldad que Dios no pueda redimir.
- José decidió cambiar el patrón en su familia. Les dijo a sus hermanos: "No se enojen ni se culpen porque me vendieron. Realmente fue Dios quien me envió antes que ustedes para salvar vidas de personas.… Dios me envió delante de ti para rescatarte de esta manera asombrosa y para asegurar que tú y tu descendencia sobrevivan" (*Génesis 45:5 y 7*).
- Incluso cuando las personas han hecho cosas dañinas, Dios está obrando.

5. Respondiendo al trauma generacional (15 min.)

Los patrones de trauma generacional no se formaron en un día y no se superarán en un día. Deben abordarse emocional, física, espiritual y económicamente. Poco a poco, con constante dedicación, familias enteras pueden volverse saludables.

> **CONVERSACIÓN EN GRUPOS PEQUEÑOS**

1. ¿Qué pasos usted puede tomar para recuperarse del trauma generacional?
2. ¿Qué pasos puede tomar para ayudar a su familia a reconocer y detener los patrones del trauma?

Invite a hacer comentarios en el grupo grande. Luego agregue cualquiera de los siguientes puntos que no hayan sido mencionados:

- Orar para que su familia pueda romper el ciclo del trauma.
- Conversar.

    - Crear espacios seguros para conversar donde los miembros de la familia puedan tomar conciencia de los patrones del trauma.
    - Escuchar las historias de los demás.
    - Investigar acerca de su familia, si le resulta útil.

- Lamentar las pérdidas de su familia.

    - Sentir duelo por los miembros de la familia que faltan.
    - Permitirse llorar por su familia, por el dolor que se transmite de generación en generación. Cuando José se reunió con su familia, lloró tan fuerte que la gente de afuera podía escucharlo (*Génesis 45:1-2*).
    - Escribir un lamento.

- Llevar el dolor de su familia a Jesús. Ayudar a los miembros de la familia a conocer a Jesús, quien cargó con nuestro dolor en la cruz. Donde hay vida, hay esperanza (*2 Corintios 5:17-19*).
- Perdonar a los que le causaron dolor.
- Reconciliarse con los miembros de la familia cuando sea posible.
- Celebrar las fortalezas de la familia y aquellos que han sido buenos ejemplos a seguir.
- Pensar en cómo usted podría contribuir a un legado de bendición.

6. Ejercicio de clausura (10 min.)

El trauma tiene un impacto a través de generaciones pero podemos también recordar las bendiciones que hemos disfrutado y las personas que han sido ejemplo para nosotros.

RECORDANDO NUESTRAS BENDICIONES

Lea *Josué 4:1-7* en alta voz.

Dios hizo que los israelitas hicieran un monumento de piedra para que pudieran recordarse a sí mismos y a sus hijos cómo Dios les salvó de sus enemigos al secar el Jordán para que pudieran pasar por tierra seca.

Piense en la bondad de Dios para usted y su familia. ¿Quién en su familia ha sido un ancla, un pilar? ¿Hay alguien que aunque no es parte de su familia, ha sido una fuente de fortaleza para ustedes? ¿Qué podría hacer para recordar a esa persona, de manera que le recuerde la fidelidad de Dios en medio del dolor? Algunas opciones son:

- Poner una foto de esa persona en su casa o como protector de pantalla en su teléfono o computadora.
- Escribir o pintar su nombre en una piedra. Coloque esta piedra en un lugar que vea a menudo.
- Hacer un dibujo, pintura o collage que muestre lo que esta persona significa para usted.
- Pensar en otra forma que funcione en su contexto.

Ore en grupo, agradeciendo a Dios por estas personas y orando por sus familias.

Lección 4. Vergüenza y culpa

Antes de comenzar:

- Esta lección probablemente tomará más de 1½ horas. Es posible que desee dividirlo en dos sesiones, haciendo las secciones 1 a 3 en una y las secciones 4 a 6 en otra.
- Para la sección 2: Prepare tiras de papel con las declaraciones de vergüenza/culpa.
- Para la sección 3: Prepare una tabla en un rotafolio para comparar los conocimientos bíblicos y culturales de honor y vergüenza.
- Para la sección 4: Prepare tiras de papel con versículos de la Biblia.

En esta lección:

- Exploraremos las características de la vergüenza y la culpa.
- Identificaremos similitudes y diferencias entre los principios culturales y los bíblicos de la vergüenza.
- Descubriremos formas en las que podemos sanarnos de la vergüenza y culpa tanto de forma individual y como iglesia.

Introducción de la lección

Cuando experimentamos un trauma, ya sea nuestro o generacional, también podemos experimentar vergüenza y culpa. ¿En qué se parecen y en qué se diferencian? Y lo que es más importante, ¿cómo podemos sanarnos de la vergüenza y la culpa?

1. Vergüenza y culpa en el jardín del Edén (10 min.)

Dios creó el universo y puso a Adán y a Eva en el jardín del Edén. De todos los animales que Dios hizo, la serpiente fue la más astuta. La serpiente preguntó a la mujer, "¿Dios realmente te dijo que no comieran del fruto de ningún árbol del jardín?"

"Podemos comer el fruto de cualquier árbol en el jardín", respondió la mujer, "excepto del árbol del medio. Dios nos dijo que no comiéramos el fruto de ese árbol o incluso tocarlo; si lo hacemos, moriremos".

La serpiente respondió, "Eso no es verdad; no morirás. Dios dijo eso porque sabe que cuando lo comas serás como Dios y sabrás que es el bien o qué es el mal".

La mujer miró cuán hermoso era el árbol y cuán bueno podría ser comer el fruto, y pensó en lo maravilloso que sería ser sabio. Entonces ella tomó uno de los frutos y lo comió. Luego le dio algo a su esposo, y él también se lo comió. Tan pronto como lo habían comido, se dieron cuenta que estaban desnudos; por lo que cosieron hojas de higuera y se cubrieron.

Esa noche escucharon a Dios caminando en el jardín, y se escondieron de él entre los árboles. Pero Dios llamó al hombre, "¿Dónde estás?"

El respondió, "Te escuché en el jardín. Tuve miedo y me escondí de ti porque estaba desnudo". "¿Quién te dijo que estabas desnudo?" preguntó Dios. "¿Comiste del fruto que te dije que no comieras?" El hombre respondió, "La mujer que me pusiste aquí conmigo me dio el fruto y me lo comí".

Entonces Dios preguntó a la mujer, "¿Por qué hiciste eso?"

Ella respondió, "la serpiente me engañó para que lo comiera".

(Basado en Génesis 1–3)

CONVERSACIÓN EN GRUPOS PEQUEÑOS

1. ¿De qué eran culpables Adán y Eva? ¿De qué estaban avergonzados?
2. ¿Cómo respondieron a su vergüenza y culpa?
3. ¿Cómo les respondió Dios?

Invite a hacer comentarios en el grupo grande.

---

2. ¿Qué son la vergüenza y la culpa? (15 min.)

A menudo experimentamos vergüenza y culpa a la vez, pero son emociones separadas. Cuanto mejor lo comprendamos, mejor podremos responder.

ACTIVIDAD EN PEQUEÑOS GRUPOS

1. Escriba estas frases en tiras de papel separadas. Dele a cada pequeño grupo un conjunto.

    - Hice algo malo. Rompí una ley o una regla.
    - Soy malo, inadecuado, inferior.
    - Tengo miedo de ser castigado.
    - Tengo miedo de ser abandonado.
    - Puedo hacer algo para arreglar esto.
    - Solo quiero esconderme o desaparecer.

2. En dos trozos de papel grande, escriba las palabras "Vergüenza" y "Culpa".
3. Haga que cada persona tome un tira de papel, lo lea en voz alta y lo ponga en el papel con el que esté más relacionado: culpa o vergüenza. Si hay una diferencia de opinión, dialoguen e intenten llegar a un consenso.

4. Revise los papeles y resuma su definición de vergüenza en contraste con la culpa.

En el grupo grande, revisen las hojas y dialoguen las respuestas.[5] Agregue cualquiera de los siguientes puntos que no hayan sido mencionados:

La culpa dice, "Hice algo malo". La vergüenza dice, "Soy malo". La vergüenza es el sentimiento de no ser lo suficientemente bueno (*Romanos 3:23*).

Sentimientos de vergüenza y culpa pueden variar de leves a severos. Por ejemplo, nuestro sentimiento de vergüenza puede variar desde sentirnos un poco avergonzados hasta sentirnos completamente despreciables.

Es posible que nos sintamos avergonzados de nosotros mismos o que la gente nos avergüence.

Cuando sentimos vergüenza, intentamos escondernos. Cuando nos sentimos culpables, tratamos de encontrar una manera de remediar la situación si podemos. Si no es así, podemos sentirnos arrepentidos.

Si hemos hecho algo que consideramos incorrecto, es posible que sintamos tanto vergüenza como culpa. Pero a veces podemos sentir vergüenza sin sentirnos culpables. Esto sucede cuando sufrimos por cosas que no elegimos, por ejemplo, ser bajos de estatura o abusados. También puede suceder por cosas que creemos que son correctas, como decir la verdad o defender a alguien que es débil, y otros nos critican, ridiculizan o persiguen por ello.

CONVERSACIÓN EN GRUPOS PEQUEÑOS

Piense o lea las historias de la mujer con flujo de sangre (*Lucas 8:43-48*) y la mujer sorprendida en adulterio (*Juan 8:1-11*).

1. ¿Qué mujer cree que sintió vergüenza?
2. ¿Qué mujer cree que sintió tanto culpa como vergüenza?

Tanto la vergüenza como la culpa son emociones dolorosas, pero ¿son dañinas o útiles?

CONVERSACIÓN EN GRUPOS PEQUEÑOS

1. Piense en ocasiones en las que sintió vergüenza:
   a. ¿Hubo maneras en que la vergüenza le ayudó a convertirse en una mejor persona?
   b. ¿Hubo maneras en que la vergüenza le impidió convertirse en una mejor persona?

---

[5] Respuestas sugeridas: **Vergüenza:** soy malo, inadecuado, inferior. Tengo miedo de ser abandonado. Solo quiero esconderme o desaparecer. **Culpa:** Hice algo malo. Rompí una ley o regla. Tengo miedo de ser castigado. Puedo hacer algo para arreglarlo. (No es necesario estar de acuerdo en todos los detalles. El diálogo nos ayuda a comprender los conceptos).

2. Piense en ocasiones en las que se sintió culpable:
   a. ¿Hubo maneras en que la culpa le ayudó a convertirse en una mejor persona?
   b. ¿Hubo maneras en que la culpa le impidió convertirse en una mejor persona?

Invite a hacer comentarios en el grupo grande. Luego agregue cualquiera de los siguientes puntos que no hayan sido mencionados:

Útil

- Dios nos dio dolorosos sentimientos de vergüenza y culpa para alertarnos sobre las cosas a las que debemos prestar atención.
- Estas emociones son como las terminaciones nerviosas en nuestras manos que nos avisan cuando estamos demasiado cerca del fuego y corremos el riesgo de quemarnos.
- Puede ser útil sentir culpa cuando hemos hecho cosas que consideramos incorrectas o deshonrosas.
- Si nunca experimentamos la culpa o la vergüenza, es posible que tengamos problemas como la gente de la época de Jeremías que hizo cosas de las que deberían haberse avergonzado, pero "no supieron avergonzarse" (*Jeremías 6:15*).

Dañino

- La vergüenza y la culpa pueden ser dañinas cuando no tuvimos elección en lo que sucedió. A esto lo llamamos vergüenza o culpa "falsa" porque los sentimientos nos están enviando una alerta falsa: se nos ha impuesto algo sobre lo que no tenemos control.
- No podemos corregirlo.

Por ejemplo, podemos sentir "falsa vergüenza":

- por la apariencia de nuestro cuerpo o el tipo de familia en la que nacimos.
- por ser víctima de violación, abuso doméstico o ser desplazado.
- por nuestro idioma, etnia, raza o forma de vida (*1 Pedro 4:3–5*).

También podemos sentir "falsa culpa":

- por cosas sobre las que no tuvimos control, por ejemplo: sobrevivir a un desastre cuando otros murieron en él.
- por hacer cosas que nos fueron impuestas por otros o por las circunstancias, como matar a alguien en defensa propia.
- si somos acusados falsamente, aunque sabemos que no hemos hecho nada malo.

Cualquiera que sea la fuente de nuestra vergüenza o culpa, es nuestra respuesta lo que importa. Donde necesitamos arrepentirnos, podemos hacerlo. No hay condenación para los que están en Cristo (*Romanos 8:1*). Incluso la vergüenza o la culpa útil pueden ser perjudiciales si nos negamos a aceptar el perdón de Dios por nuestros pecados y dejamos ir esos sentimientos. Donde no tenemos nada de qué arrepentirnos, podemos descansar en el amor de Dios por nosotros (*2 Corintios 7:10*).[6]

3. Las culturas y la Biblia (15 min.)

Las diferentes culturas dan honor y vergüenza a diferentes cosas. Por ejemplo, en algunas culturas, ser leal a los miembros de la familia se considera honorable incluso si eso significa mentir a los que no pertenecen a la familia. En otras culturas, decir la verdad es más honorable que ser leal a los miembros de la familia.

CONVERSACIÓN EN GRUPOS PEQUEÑOS

Complete a continuación la tabla, ya sea respondiendo todas las preguntas o dividiéndolas en grupos. ¿Cuáles son algunas cosas que:

- su cultura considera honorable?
- su cultura considera como vergonzoso?
- Dios considera honorable?
- Dios considera como vergonzoso?

	Honorable	Vergonzoso
La cultura		
Dios		

La Palabra de Dios nos ayuda a saber qué es honorable y vergonzoso a sus ojos. Por ejemplo, una madre que informa que su hijo fue violado puede ser acusada por la comunidad por exponer a alguien que cometió un acto vergonzoso, pero a los ojos de Dios los niños son de gran valor y merecen ser protegidos de los abusadores. O quizás, muchas culturas avergüenzan a una mujer que ha sido violada, pero a los ojos de Dios, es el violador quien debería avergonzarse. Necesitamos estudiar la Palabra de Dios y dejar que dé forma a lo que consideramos vergonzoso y honorable.

---

[6] **Conversación opcional en grupos pequeños** (20 min.).
Lea uno o más de estos pasajes. ¿Quién se avergonzó? ¿Quién fue considerado culpable? ¿Quién fue el responsable de la vergüenza o la culpa? ¿Cómo espondieron las personas? David y Betsabé en *2 Samuel 12:1-13* y el *Salmo 51*; Los hijos perdidos en *Lucas 15:11-27*; Ana en *1 Samuel 1:1-8*; Agar en *Génesis 16; 21:1-20*.

4. ¿Cómo podemos encontrar sanidad para la vergüenza y la culpa
(25 min.)

La vergüenza entra en nuestro interior y se convierte en parte de cómo nos vemos a nosotros mismos, mientras que la culpa se trata más de actos externos. Debido a esto, es más difícil encontrar la sanidad de la vergüenza que de la culpa. La buena noticia es que, con la ayuda de Dios, hay sanidad tanto para la vergüenza como para la culpa.

CONVERSACIÓN EN PAREJAS

Comparta con otros, tanto como se sienta cómodo, sobre las preguntas a continuación.

1. En momentos en los que ha sentido vergüenza:

   - ¿Algo redujo su vergüenza? Si es así, ¿qué fue?
   - ¿Algo aumentó su vergüenza? Si es así, ¿qué fue?

2. En momentos en los que se ha sentido culpable:

   - ¿Algo redujo su sentimiento de culpa? Si es así, ¿qué fue?
   - ¿Algo aumentó su sentimiento de culpa? Si es así, ¿qué fue?

La Biblia nos muestra cómo podemos sanarnos de la vergüenza y la culpa.

CONVERSACIÓN EN GRUPOS PEQUEÑOS

1. ¿Qué nos dicen estos versículos acerca de encontrar sanidad para la vergüenza y la culpa?

   Santiago 5:16   *Efesios 5:11*
   2 Corintios 7:9–10   *1 Juan 1:5–9*

2. ¿Qué sucede cuando contamos nuestra historia a otros?

   Salmo 133   *Juan 17:22–23a*
   1 Pedro 1:22   *Hebreos 10:23–25*

3. ¿Cómo nos ayuda la muerte de Jesús en la cruz a sanarnos de nuestra vergüenza y culpa?

   Isaías 53:3–5   *Hebreos 12:2b*
   1 Pedro 2:24   *Filipenses 2:5–8*

Invite a hacer comentarios en el grupo grande. Luego agregue cualquiera de los siguientes puntos que no hayan sido mencionados:

Contar nuestra historia a los demás. Como aprendimos en *Sanar las heridas del corazón*, necesitamos contar nuestro secreto vergonzoso a personas confiables que se preocupan y escuchan bien (*Santiago 5:16a*). Podemos temer que otros nos abandonen o nos causen más dolor si supieran nuestro secreto. De hecho, el compañerismo se profundiza a medida que compartimos nuestro sufrimiento (*1 Juan 1:5-9; Filipenses 3:10*). Ser honesto puede darles a los demás la valentía de ser honestos. También nos ayuda a ser honestos con nosotros mismos y a conocernos a nosotros mismos. Cuanto mejor nos conozcamos, mejor podremos experimentar el ser conocidos por Dios. No necesitamos guardar secretos de Dios. Si hemos pecado, podemos arrepentirnos y pedirle a Dios y a otros que nos perdonen, y aceptar ese perdón (*2 Corintios 7:10*). Si exponemos la falsa culpa o vergüenza que podamos estar sufriendo, comenzamos a quitar su poder sobre nosotros (*Efesios 5:11*).

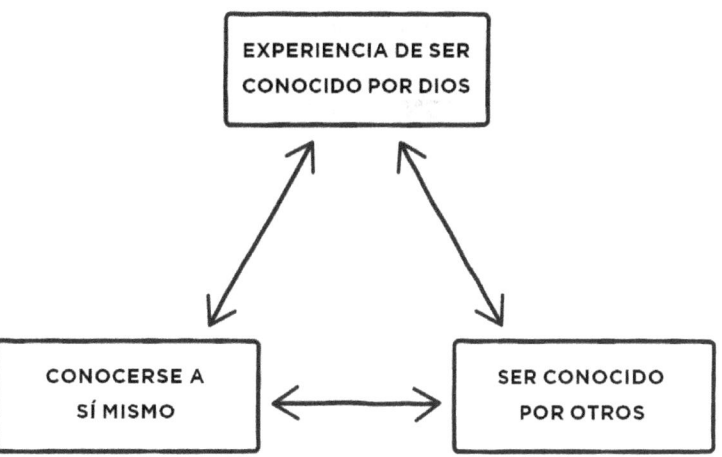

Figura 9. Ser conocido por uno mismo, por Dios y por los demás

Vivir en comunidad. Fuimos creados para vivir en comunidad (*Génesis 2:18*) y el compañerismo nos trae gozo (*Salmo 133; 1 Pedro 1:22; Juan 17:22*). Juntos podemos fortalecer nuestra fe acerca de lo que es honorable y bueno para poder resistir las presiones de la sociedad (*Hebreos 10: 23-25*). Cuando aceptamos lo que Dios considera honorable, somos capaces de resistir la "falsa" vergüenza que otros intentan imponernos. Jesús nos dio el ejemplo en la cruz: "Por el gozo que le esperaba, soportó la cruz, menospreciando la vergüenza que ella significaba, y ahora está sentado a la derecha del trono de Dios". (*Hebreos 12: 2*; ver también *Filipenses 2:1 -11; Hebreos 13:12*).

Incluso si otros tratan de avergonzarnos, es lo que Dios honra lo que realmente importa (*1 Corintios 1:27*) y, al final, Dios honra a quienes lo siguen. Por ejemplo, José soportó muchas situaciones vergonzosas, como ser vendido como esclavo, ser acusado falsamente de acoso sexual, y ser encarcelado. Pero cada vez, Dios lo levantó y restauró su honor.

Mire a Jesús como nuestro sanador y nuestro ejemplo. Jesús cargó con nuestra vergüenza y culpa sobre sí mismo en la cruz (*Isaías 53*). Podemos llevarle nuestra vergüenza y culpa sin ocultar ninguna parte de nosotros mismos. Su muerte restaura nuestro honor e inocencia (*Salmo 31:1; Isaías 6:1*). Nuestra respuesta es alabar a Dios por esta misericordia.

5. ¿Cómo la iglesia puede restaurar el honor y la dignidad?

(10 min.)

La iglesia tiene un papel importante en ayudar a las personas a recuperarse de la vergüenza y la culpa.

CONVERSACIÓN EN GRUPOS PEQUEÑOS

En grupos de iglesias o ministerios, piense en estas preguntas:

1. ¿Cuánto es su iglesia o ministerio un lugar donde las personas pueden contar sus problemas reales?
2. ¿Cómo responde su iglesia o ministerio a las personas que atraviesan situaciones vergonzosas? ¿Si son inocentes? ¿Si son los responsables?
3. ¿Qué ha hecho su iglesia o ministerio para honrar a las personas que la sociedad estigmatiza?

Invite a hacer comentarios en el grupo grande. Luego agregue cualquiera de los siguientes puntos que no hayan sido mencionados:

- La iglesia puede crear una atmósfera de gracia dónde las personas se sientan seguras para hablar sobre asuntos personales y ser completamente conocidas por otros. Es posible que los líderes necesiten compartir con otros líderes de iglesia.
- La iglesia puede ayudar a las personas aprender a escuchar y a mantener la confidencialidad.
- La iglesia puede llegar a aquellos que están experimentando vergüenza o culpa. Incluso cuando las personas han hecho cosas malas, como asesinatos, no deberían ser conocidas sólo por las cosas malas que han hecho. Si una iglesia practica la excomunión, debe hacerlo con la intención de restaurar a la persona a la comunión con Dios y con los demás (*Mateo 18:17*).
- La iglesia puede sostener lo que es bueno y honorable de acuerdo con las normas de Dios *(Mateo 5:1–12)*. Necesitamos repetir estas cosas a menudo (*Hebreos 10:25*).
- La iglesia puede llegar a grupos avergonzados por la sociedad. Por ejemplo, la Madre Teresa ayudó a los pobres de Calcuta a morir con dignidad. Acciones como esta envían un mensaje de que todas las personas fueron creadas a la imagen de Dios y tienen valor (*Génesis 1:26–27 y Efesios 4:32*). La iglesia puede ayudar a restaurar su dignidad.

6. Ejercicio de clausura (10 min.)

No estamos solos en nuestra vergüenza. Mediten en lo siguiente: ¿Hay alguna carga de culpa o vergüenza que le gustaría llevar a Dios? Todos somos capaces de hacer cosas malas. No necesitamos esconder ninguna parte de nosotros mismos a Dios como lo hicieron Adán y Eva por primera vez en el jardín. Al llevar estas cargas a Dios en oración, él puede sanarnos y restaurarnos a una relación correcta con él.

Lección 5. Usando nuestros sentimientos para el bien

Antes de comenzar:

- Para la sección 2: imprima 4 copias de la dramatización.
- Necesitará una tela o una sábana grande para la dramatización.
- Para la sección 3: cada grupo necesitará de 8 a 10 tiras de papel para que puedan escribir.
- Para la sección 4: imprima una copia de la silueta del cuerpo para cada participante (página 56).

En esta lección:

- Describiremos cómo el trauma afecta nuestra mente y sentimientos.
- Aprenderemos a apreciar el papel que juegan los sentimientos en nuestras vidas.
- Daremos ejemplos de cómo se pueden usar los sentimientos para el bien o para el mal.
- Comenzaremos a discernir cómo nuestros sentimientos afectan a nuestro cuerpo.
- Comenzaremos a superar patrones de respuestas negativas.
- Practicaremos el uso de nuestros sentimientos para acercarnos más a Dios.

Introducción de la lección

Mucho después de haber comenzado a sanar de una experiencia traumática, es posible que todavía tengamos dificultades para manejar nuestros sentimientos. Las cosas grandes o pequeñas pueden recordarnos el trauma y desencadenar una reacción emocional tan fuerte que nos sentimos fuera de control. Parte del largo viaje de la sanidad es aprender a identificar nuestros sentimientos y a usar su energía para el bien. Incluso podemos usarlos para conocer mejor a Dios.

1. El accidente de Simón (20 min.)

Una tarde, Simón se iba del trabajo a su casa en su moto. De repente, al doblar una esquina, escuchó un gran estallido. Un enorme camión se acercaba hacia él, balanceándose de lado a lado en la carretera.

Simón giró frenéticamente para evitar el camión, pero una rueda atrapó su moto y lo arrojó al borde cubierto de hierba. Mientras yacía allí aturdido, hubo otro sonido muy fuerte cuando el camión se estrelló en la carretera. Lo siguiente que vio fue que de un automóvil que se detuvo y salieron varias personas. La gente del automóvil ayudó a sacar al conductor del camión, pero vieron que era demasiado tarde: el conductor estaba muerto. Uno de los hombres vio a Simón al costado de la carretera y corrió a ayudarlo.

El hombre llevó a Simón al hospital más cercano. Mientras yacía en su cama de hospital, sus pensamientos se volvieron en círculos. "Me duele mucho la pierna. ¿La perderé? ¿Alguien pensará que fue mi culpa que el camión se estrellara? ¿Por qué Dios ha permitido que esto sucediera? ¿Qué dirá mi esposa? ¿Podré volver a trabajar?"

Dos semanas después, Simón estaba de vuelta en su casa con la pierna enyesada. El doctor le aseguró que la pierna sanaría; solo tenía que ser paciente. Se sentía aliviado pero también frustrado porque no podía moverse fácilmente. También le preocupaba que pudiera perder su trabajo. A veces su dolor y frustración lo hacían irritarse con su esposa.

Tres meses después, toda la experiencia se había convertido en un mal sueño. Parecía normal otra vez y todos esperaban que siguiera con la vida como si nada hubiera pasado.

CONVERSACIÓN EN GRUPOS PEQUEÑOS

1. ¿Qué le dificultó a Simón recuperarse de este trauma?
2. ¿Puede pensar en una experiencia traumática en la que se esperaba que siguiera con su vida como si no hubiera pasado nada? ¿Cómo reaccionó?

Invite a hacer comentarios en el grupo grande.

2. Cómo funciona nuestro cerebro

Dios nos hizo maravillosamente complejos (*Salmo 139:14*) con formas de afrontar los momentos de gran estrés. Comprender cómo funciona nuestro cerebro nos ayuda a comprender por qué nos comportamos de la manera en que lo hacemos después de un trauma. Podemos usar nuestra mano para representar nuestro cerebro, el cual tiene tres partes.

- La parte **intuitiva** de nuestro cerebro mantiene nuestro cuerpo funcionando automáticamente. También nos dice cuando estamos en peligro y activa automáticamente nuestro cuerpo para responder. Todas nuestras respuestas pasan por esta parte de nuestro cerebro.

- La parte **emocional** de nuestro cerebro maneja nuestras emociones. Nos ayuda a procesar todas las cosas a las que estamos expuestos (imágenes, olores, sonidos, sabores).
- La parte **racional** de nuestro cerebro nos ayuda a organizar toda esta información entrante y a manejar nuestras emociones para que podamos responder bien.

Normalmente, estas tres partes de nuestra mente trabajan juntas y todo está bien. Pero en tiempos de estrés, no hay tiempo para pensar. La parte racional de nuestro cerebro está abrumada y como una computadora con demasiada información, se desconecta. Podemos imaginar a la parte racional de nuestro cerebro como una tapa de olla de agua hirviendo. La parte intuitiva de nuestro cerebro se hace cargo y respondemos rápida y automáticamente de acuerdo a una de estas tres maneras:

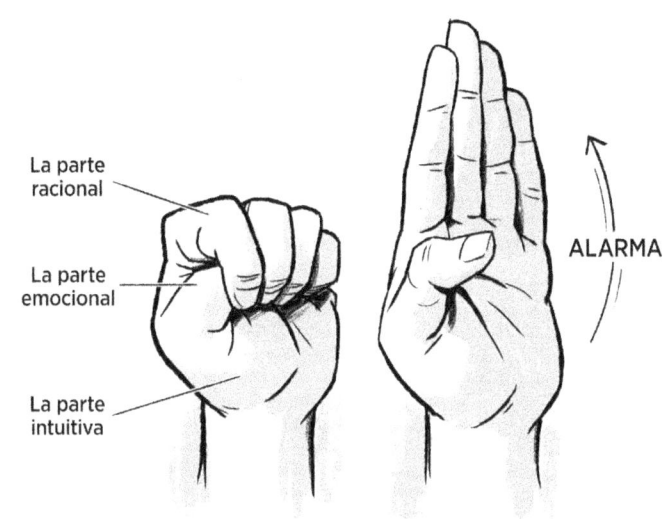

Figura 10. Cómo funciona nuestro cerebro

1. Lucha: atacamos
2. Huida: corremos
3. Parálisis: no podemos movernos o responder

Esta respuesta normal al estrés nos ayuda a sobrevivir a las emergencias. Sin embargo, puede ocasionar dos problemas:

- Es posible que recordemos un evento similar. Por ejemplo, si hemos vivido una guerra, cuando escuchamos fuegos artificiales, nuestro cerebro emocional y nuestro cerebro intuitivo pueden hacerse cargo, aunque no exista un peligro real. Cierto olor que nuestro cerebro asocia con algún abuso que hayamos sufrido puede hacernos entrar en pánico. Esto puede generar confusión y vergüenza.
- Si estamos en alerta todo el tiempo, listos para responder a una crisis, incluso cuando no hay ninguna, desgastaremos nuestros cuerpos.

DRAMATIZACIÓN: SIMÓN VISITA A SU PASTOR

Necesitará:

☐ Actores parados o sentados en una fila:

> La parte intuitiva
> La parte emocional
> La parte racional
> El pastor

☐ Objetos: una sábana o tela grande sostenida entre la parte emocional y la parte racional

☐ Efecto de sonido: algo para hacer un ruido fuerte

Escena 1: Simón está conversando con su pastor sobre su día. La parte intuitiva de su cerebro bombea sangre como debería. La parte emocional se siente bien por el momento agradable (huele, sonríe, oye sonidos). La parte racional está pensando en planes para el ministerio de la iglesia.

Escena 2: Hay un ruido fuerte repentino. La parte racional se pone de pie de un salto, grita y luego se arrastra debajo de su silla para esconderse. El pastor solo ve el lado racional y piensa que es un comportamiento extraño. Pero el público ve un lado intuitivo haciendo sonar la alarma: "¡Peligro! ¡Peligro! ¡Corre!". La parte emocional dice: "¡Tengo tanto miedo! ¡Oh, no! ¡Está sucediendo de nuevo! ¡Tengo tanto miedo!"

¡El pastor está bastante confundido!

CONVERSACIÓN EN GRUPOS PEQUEÑOS

1. ¿Alguna vez ha visto a alguien responder con una respuesta de lucha, huida o parálisis? ¿O alguna vez usted ha respondido de alguna de estas maneras? Explique.
2. ¿Cómo responden las personas a alguien que reacciona de esta manera?

Invite a hacer comentarios en el grupo grande.

3. Sentimientos: ¿buenos o malos? (15 min.)

¿Cree que los sentimientos son buenos o malos? ¿O ciertos sentimientos son buenos mientras que otros son malos?

EJERCICIO EN PEQUEÑOS GRUPOS

1. Escriba estas emociones en tiras de papel: amor, odio, miedo, ira, dolor, esperanza, celos, alegría. ¿Suele pensar en estos sentimientos como buenos o malos? Clasifíquelos en dos grupos, los buenos y los malos.
2. Ahora tome el grupo de "malos sentimientos". ¿En qué situaciones podrían considerarse estos sentimientos como buenos?
3. Tome la categoría de "buenos sentimientos". ¿En qué situaciones podrían considerarse estos sentimientos como malos?

4. ¿Intenta evitar ciertos sentimientos o se siente culpable si los tiene? Explique.
5. Lea Eclesiastés 3:1–8 y dialogue sobre qué dice de las emociones.

Invite a hacer comentarios en el grupo grande. Luego agregue cualquiera de los siguientes puntos que no hayan sido mencionados:

Como seres humanos, fuimos creados para tener todo tipo de sentimientos: felicidad, tristeza, tranquilidad, enojo, ansiedad, temor y más. Eclesiastés 3:1–8 nos dice que hay un tiempo para todo: para el dolor y la alegría, el duelo y la danza, el amor y el odio. Ningún sentimiento es malo en sí mismo.

4. Tomando más conciencia de nuestros sentimientos (20 min.)

Nuestros cuerpos pueden darnos pistas sobre cómo nos sentimos incluso si nuestro cerebro no está consciente. Por ejemplo, podemos comenzar a sudar, tener pies fríos o un pulso fuerte. Nuestros sentimientos nos dicen algo. ¿Estamos escuchando?

ACTIVIDAD: SENTIMIENTOS EN EL CUERPO[7]

Distribuye los papeles con la silueta del cuerpo.

1. Piense en un momento en el que estuvo enojado. ¿En qué parte del cuerpo lo sintió? Escriba "ira" en los lugares de la silueta del cuerpo donde lo sintió.
2. Piense en otros sentimientos y márquelos en la silueta de su cuerpo: miedo, alegría, tristeza, etc.
3. Tome uno de los sentimientos dolorosos y piense en un movimiento que podría ayudarlo a superarlo. Por ejemplo, cuando esté enojado, podría estirarse, respirar profundamente o dar un paseo.

En el grupo grande comparta sus dibujos y los sentimientos que experimenta con más frecuencia.

---

[7] Actividad alternativa: **Plano de sentimientos**
1. Dibuje sus sentimientos como si fuera el plano de una casa. Dé más espacio a los que siente con fuerza o que siente con frecuencia.
2. Comparta su plano con otra persona y converse de lo que usted se dio cuenta de sí mismo.

5. ¿Qué podemos hacer cuando estamos abrumados por sentimientos fuertes (20 min.)

Nuestros sentimientos pueden ser nuestros amigos, no nuestros enemigos o nuestros maestros. Los sentimientos nos dan vitalidad y guían nuestras elecciones. Muestran lo que hay dentro de nuestros corazones y lo que valoramos. Al prestar atención a nuestros sentimientos, es posible que descubramos capas de sentimientos. Por ejemplo, bajo nuestro enojo podemos encontrar tristeza o dolor. Este descubrimiento puede ayudarnos a conocer el origen de nuestro dolor para que podamos sanarnos. De esta manera, podemos usar nuestros sentimientos para bien.

CONVERSACIÓN EN GRUPOS PEQUEÑOS

Lea estos pasajes.

Marcos 12:30   *Romanos 12:2*

1. ¿Qué desafíos ha experimentado al poner en práctica estos versículos especialmente cuando es abrumado con fuertes sentimientos?
2. ¿Cómo puede trabajar con sus sentimientos para crecer como persona?

Invite a hacer comentarios en el grupo grande. Luego agregue cualquiera de los siguientes puntos que no hayan sido mencionados:

- Preste atención a sus sentimientos. Acéptelos sin juzgarlos como malos. Si no tiene ningún sentimiento, en realidad es un problema más grave.
- Trate de entender de dónde provienen los sentimientos. ¿Qué sucedió? ¿Qué estaba pensando? ¿Qué le están diciendo sus sentimientos? ¿Qué puede aprender sobre eso?
- Identifique cualquier mentira, ya sea mentiras que otros le digan o mentiras que usted mismo se diga. Encuentre un breve pasaje bíblico o verdad que aborde esa mentira que pueda repetir cada vez que comience el sentimiento doloroso. Por ejemplo, si se siente inútil, puede repetir "Dios me ama".

Si comienza a sentirse abrumado por sentimientos fuertes:

- Recuerde que el trauma terminó y usted está seguro siempre que sea cierto. Puede repetir "Esto no es eso".
- Use sus sentidos para mantenerse conectado con el presente. Sea consciente de lo que le rodea. Respire hondo y despacio. Muévase, salga o tome agua o té.

- *El ejercicio de la llave:* Imagine que sus sentimientos están en un tanque de agua con una llave. Puede abrir la llave y dejarlos salir un poco, y luego cierra la llave cuando lo desee.
- Encuentre a alguien con quien pueda hablar de sus sentimientos o haga un dibujo de ellos.

CONVERSACIÓN EN GRUPOS PEQUEÑOS

¿Qué hace cuando está abrumado por emociones fuertes?

¿Cuándo es un buen momento para dejar que se abra la llave? ¿Con quién?

Invite a hacer comentarios en el grupo grande.

Figura 11. Controlando sus emociones como una llave

6. Actividad de clausura (15 min.)

USANDO LOS SENTIMIENTOS PARA ACERCARSE A DIOS

Nuestros sentimientos también pueden ayudarnos a experimentar a Dios más plenamente. Durante siglos, los cristianos de todo el mundo han utilizado este ejercicio para dejar que sus sentimientos los guíen a conocer mejor a Dios.

1. **Individualmente:** Piense en el día anterior. Haga una lista de las cosas que hizo.

    a. ¿Cuándo se sintió más cerca de Dios? ¿Qué estaba haciendo? Escríbalo.
    b. ¿Cuándo se sintió más lejos de Dios? ¿Qué estaba haciendo? Escríbalo.

2. **En parejas:** Comparta algo que lo hizo sentir más cerca de Dios, y algo que lo hizo sentir más lejos de Dios.

Haga esto todos los días. Trate de hacer más de las cosas que le hacen sentir más cerca de Dios y menos de las cosas que le hacen sentir más lejos de él.

Cierre este tiempo leyendo en voz alta *Filipenses 4:8-9*.

Lección 6.
Conversaciones difíciles

Antes de comenzar:

- Para las secciones 1 y 3: Elija un buen lector para leer las historias.
- Para la sección 4: Entregue papel para que los pequeños grupos registren sus notas.

En esta lección:

- Identificaremos qué tipos de conversación pueden ser difíciles.
- Comenzaremos a reconocer nuestras propias reacciones a las conversaciones difíciles.
- Exploraremos las consecuencias de evitar conversaciones difíciles.
- Practicaremos las formas de liderar conversaciones difíciles con más éxito.

Introducción de la lección

El trauma puede aislar a las personas entre sí y destruir las relaciones. Para que las personas se recuperen, las relaciones con la familia y la comunidad también deben sanar. Para que ocurra la sanidad, es posible que necesitemos tener conversaciones difíciles, por ejemplo, cuando necesitamos resolver un conflicto, pedir perdón, pedir disculpas o tomar una decisión difícil. Saber cómo abordar conversaciones difíciles con más éxito es una habilidad básica que nos ayuda a vivir en armonía con los demás.

1. Pablo tiene un problema (15 min.)

Pablo vivía en un pueblo con su esposa Lucía, su madre Sara y su hermano soltero Juan Marcos. Al lado vivía Samuel con su esposa Ana y su familia. Sus granjas también estaban una al lado de la otra, a unas dos millas del pueblo. Las dos familias habían vivido juntas durante generaciones.

Pablo notó que Samuel colocó nuevos linderos en el borde de su finca, tomando una parte de la tierra que Pablo pensaba que era suya. Se sintió irritado por esto, pero no quería hablar de ello con Samuel, por lo que se limitó a quejarse con su esposa y amigos de lo que había sucedido. Cuando veía a Samuel, evitaba el tema.

Después de unas semanas, Pablo vio una planta de maíz saludable creciendo alto en la parte de la tierra que Samuel había tomado, y esto lo enojó aún más. Comenzó a salir de su camino para evitar el contacto con Samuel.

Las esposas continuaron siendo amigas entre sí. Cada vez que Ana sacaba a relucir el tema de la disputa agrícola, Lucía decía que eso no era un problema y cambiaba de tema. El hermano de Pablo, Juan Marcos, trabajaba en una empresa de informática en un pueblo cercano. Estaba irritado por el problema y fue directamente a Samuel y le dijo: "¿Por qué hiciste esto? Sabemos exactamente dónde están los límites de nuestra granja". Cuando Samuel trató de responder, Juan Marcos repitió lo que había dicho aún más alto y se fue en su motocicleta. Se sintió feliz de haber abordado el tema. Sara veía todo lo que estaba pasando. No quería que esta situación estropeara la relación entre las dos familias.

Un día, Sara invitó a Samuel con su familia a venir a su casa para discutir el tema. Después de saludos y bebidas, habló sobre algunos de los buenos momentos que sus familias habían compartido, que se remontaban a generaciones. Ella le dijo a Samuel: "¿Te acuerdas de cómo mi padre y tu abuelo empezaron nuestra iglesia?" Después de hablar sobre su larga historia juntos, Sara mencionó la situación de la granja y le pidió a Samuel que le explicara lo que pensaba que había sucedido. Samuel explicó que había encontrado un papel de su padre que marcaba los límites de la finca. Entonces Sara dijo: "Pablo se sorprendió cuando pusiste nuevos linderos, porque él también tiene un papel, ¡y el suyo tiene límites diferentes!" Samuel respondió: "¿Cómo pudo mi abuelo haber marcado los límites incorrectos?" Sara estuvo de acuerdo en que el conocimiento de los ancianos era muy importante.

Finalmente, Sara preguntó: "¿Sería bueno que tú y Pablo vayan juntos a la oficina de tierras y vean si tienen un mapa que marque los límites de las granjas? Uno de mis amigos en la iglesia me dijo que su disputa familiar se resolvió mirando el mapa oficial".

"Esa es una buena idea", dijo Samuel. "¿Podrías hablar con Pablo para que vayamos un día a hacer esto?"

"Con mucho gusto", dijo Sara.

CONVERSACIÓN EN GRUPOS PEQUEÑOS

1. Describa cómo Pablo, Lucía, Juan Marcos y Sara reaccionaron a esta situación.[8]
2. Cuando hay una situación difícil, ¿cómo reacciona usted? ¿A cuál de los personajes de la historia usted se parece más?

Invite a hacer comentarios en el grupo grande.

---

[8] Pablo evitó hablar con Samuel completamente. Lucía cambió el tema cuando alguien lo mencionó. Juan Marcos habló pero no escuchó. Sara les ayudó a recordar su historia juntos, ayudó a recobrar la confianza, y les ayudó a escuchar la perspectiva del otro e identificar un paso que pudieran tomar para tratar con el problema.

2. ¿Qué es una conversación difícil? (10 min.)

Una conversación puede ser difícil si:

1. el resultado afecta mucho a las personas.
2. las personas tienen sentimientos fuertes al respecto.
3. las personas tienen diferentes opiniones al respecto.

Una conversación difícil puede suceder cuando estamos resolviendo un conflicto, pidiendo perdón, pidiendo disculpas o tomando una decisión difícil como grupo.

CONVERSACIÓN EN GRUPO GRANDE O EN GRUPOS PEQUEÑOS

En las historias bíblicas a continuación:

1. ¿Por qué fueron difíciles estas conversaciones? Utilice los criterios anteriores.
2. ¿La conversación tuvo éxito o no?
   - Gamaliel: *Hechos 5:33–40*
   - El escribano en el motín en Éfeso: *Hechos 19:28–29 y 35–41*

Invite a hacer comentarios en el grupo grande.

3. Evitando conversaciones difíciles: causas y consecuencias

(15 min.)

Podemos encontrarnos evitando conversaciones difíciles y sufriendo las consecuencias. El rey David hizo precisamente eso en esta historia.

El rey David tuvo varias esposas y muchos hijos. David favoreció a Amnón, su hijo primogénito que estaba en línea para el trono. Absalón era su tercer hijo de una esposa diferente, y Tamar era la bella hermana de Absalón.

Amnón se enamoró de su media hermana Tamar. La engañó para que entrara a su habitación y la violó allí. De repente su amor se convirtió en odio y la echó. Tamar lloró desconsolada y se rasgó la bata con pena.

Cuando David se enteró de lo que había hecho Amnón, se enojó mucho pero no hizo nada porque Amnón era su hijo favorito.

Cuando Absalón escuchó lo que había sucedido, se enfureció. Tomó a Tamar y odió tanto a Amnón que nunca volvió a hablar con él.

Dos años después, Absalón planificó vengar a Tamar, y mató a Amnón. Luego tuvo que correr por su vida a otro país para escapar de la ira de su padre. Se quedó allí por tres años. Finalmente, David le pidió que regresara a Jerusalén. Pero incluso entonces, David se negó a verlo.

Absalón estaba amargado contra David e intentó quitarle el trono. Murió en el intento. Esto puso aún más triste al rey David.

(Basado en *2 Samuel 13 cont.*)

CONVERSACIÓN EN GRUPOS PEQUEÑOS

1. ¿Por qué cree que David evitó tener una conversación difícil con Amnón? ¿Cuáles son otras razones por las que las personas evitan las conversaciones difíciles?
2. ¿Cuáles fueron las consecuencias para David al evitar una conversación difícil? ¿Cuáles son otras consecuencias de evitar conversaciones difíciles?

Invite a hacer comentarios en el grupo grande. Luego agregue cualquiera de los siguientes puntos que no hayan sido mencionados sobre las razones por las que las personas generalmente evitan las conversaciones difíciles y luego sufren las consecuencias:

Podemos evitar conversaciones difíciles por muchas razones:

- Práctica: Falta de práctica para abordar los problemas con éxito.
- Diferencias de poder: Puede que no sea socialmente aceptable abordar el problema.
- Cultura: Es posible que nuestra cultura no nos anime a abordar cuestiones difíciles.
- Riesgo: Temer que nuestra relación empeore si la persona responde negativamente. O que podamos ser castigados por aquellos con poder político, social o místico.
- Tiempo: Lleva tiempo y sentimos que estamos demasiado ocupados para atenderlo.

Creer que con las conversaciones difíciles, nuestra iglesia, ministerio, familia u organización sufrirán.

- La lista de "temas a evitar" puede llegar a ser tan larga que terminamos viviendo en una cultura de silencio. Es posible que todos se sientan nerviosos ante la posibilidad de que surjan estos temas.
- Los problemas no se resuelven porque no se pueden discutir.
- Puede haber división, murmuración, frustración o enojo, ya sea expresado o bajo la superficie. Esto puede resultar en revueltas o violencia.
- Las pequeñas heridas pueden convertirse en grandes llagas. De la misma manera, pequeños malentendidos pueden conducir a relaciones rotas e incluso causar trauma generacional.
- Las personas pueden perder el respeto el uno por el otro.

CONVERSACIÓN EN PAREJAS

Puede ser complicado saber si debe abordar un problema difícil o dejarlo pasar. Piense en un momento en el que tuvo que decidir si abordar un problema difícil o dejarlo pasar.

1. ¿Qué factores lo ayudaron a decidirse?
2. ¿Cómo se sintió después?

Invite a hacer comentarios en el grupo grande.

4. ¿Cómo podemos liderar conversaciones difíciles con más éxito? (45 min.)

Es posible que no siempre logremos resolver problemas difíciles, pero siempre podemos intentar mejorar nuestras habilidades para abordarlos. Esto nos ayudará a vivir en paz con los demás (*Romanos 15:5*). No es necesariamente lo que dices lo que lastima a la gente, sino cómo lo dices (*Proverbios 15:1*). Si la gente se siente segura y respetada, puede abordar cualquier tema.

Las culturas difieren en la forma en que abordan las conversaciones difíciles. Esto es cierto para las diferentes culturas representadas en la Biblia. Por ejemplo, en Génesis la gente usaba intermediarios (*Génesis 32:3–5*) mientras que en Mateo se anima a la gente a ir directamente a la persona (*Mateo 18:15–17*). Cualquiera que sea el enfoque, los problemas deben abordarse o el malestar continuará bajo la superficie y causará mayores conflictos.

CONVERSACIÓN EN GRUPOS PEQUEÑOS

1. ¿Qué proceso utiliza su cultura para manejar conversaciones difíciles? ¿Utilizan intermediarios, van directamente a la persona, o tienen otro enfoque?
2. ¿Qué pautas recomendaría que utilicen las personas de su cultura para abordar cuestiones difíciles?

Invite a hacer comentarios en el grupo grande. Luego agregue cualquiera de los siguientes puntos que no hayan sido mencionados:

A medida que revisa las ideas a continuación, compárelas con las suyas. ¿En qué se parecen o en qué se diferencian?

Prepárese para la reunión:

1. Ore por discernimiento, por la intervención del Espíritu Santo, por corazones receptivos y por buenos resultados. Examine su corazón para asegurarse de que su motivación sea pura.
2. Conozca el resultado que más desea. Sepa qué es lo que más desea lograr de la conversación y téngalo en cuenta claramente. Por ejemplo, ¿su prioridad es encontrar una buena solución al problema o demostrar que tiene razón?
3. Consiga información, el lugar, el tiempo y las personas adecuadas. Piense detenidamente sobre quién debería participar. Elija la hora con cuidado. Encuentre un lugar seguro para la conversación. Obtenga toda la información necesaria para el diálogo. A veces, los conflictos se resuelven simplemente con la información correcta.

En la reunión:

1. **Hágalo seguro.** Siéntense en círculo. Para comenzar la conversación, hable sobre las cosas que tienen en común: valores compartidos, metas y cualquier historial de trabajo conjunto exitoso. Comunique su respeto por las personas, tanto con palabras como con su lenguaje corporal. Esté preparado para aprender cosas de las que no estaba consciente. Esté atento a lo que la gente está comunicando, tanto con palabras como con el lenguaje corporal. Por ejemplo, el silencio puede significar que alguien no se siente seguro.

   Siempre que note que alguien comienza a abandonar el círculo, ya sea física o mentalmente, deje de hablar sobre el tema y vuelva a hablar sobre los objetivos compartidos, cuánto se valora a la persona, etc. Cuando la persona se sienta segura nuevamente, puede volver a discutir el tema.

   Si las personas no se sienten seguras, puede que sea necesario detenerse y acordar otro momento para reunirse más adelante. Si descubre que es usted quien siente que está perdiendo la motivación para continuar con la conversación, recuerde los objetivos compartidos y su compromiso de abordar el tema.

2. **Cuente la historia.** Haga que cada persona cuente la historia de lo que sucedió desde su perspectiva utilizando estas preguntas:

   - ¿Qué sucedió?
   - ¿Qué estaba pensando sobre la situación en ese momento?
   - ¿Qué ha pensado sobre la situación desde entonces?
   - ¿Quién se ha visto afectado por lo que sucedió? ¿Cómo han sido afectados?
   - ¿Qué cree que podría hacer para ayudar a arreglar las cosas?

Cuente la historia de manera justa. ¡No deje de lado partes que no le ayudarían a lucir bien! No juzgue los motivos de los demás. Todos deben escuchar hasta que sea su turno de hablar.[9]

3. **Acuerde los próximos pasos.** Si es posible, acuerde los próximos pasos, incluso si no puede resolver todo en una conversación. Puede ajustar el plan a lo largo del camino. Oren juntos y celebren que han comenzado la conversación.

EJERCICIO EN PEQUEÑOS GRUPOS

Elija una de las historias a continuación y dramatice la "conversación difícil" utilizando lo que ha aprendido en esta lección para completar la representación.

Naranjas robadas

Personajes:
el niño
Ricardo y su esposa
los padres del niño
su pastor

Un día, temprano en la mañana, un hombre llamado Ricardo estaba en su casa, hablando con su esposa. Por la ventana, vio al hijo de ocho años de su vecino robando naranjas de su árbol. Salió corriendo, agarró al niño y comenzó a golpearlo con un azadón que había recogido mientras corría. El niño gritó fuerte y sus padres llegaron corriendo. Cuando llegaron allí, el niño estaba en el suelo retorciéndose de dolor. Los padres lo llevaron al hospital. Los médicos lo mantuvieron en el hospital durante varios días. Finalmente, estuvo lo suficientemente bien como para ser dado de alta. La familia tuvo que pagar una enorme factura médica. Ambas familias asistían a la misma iglesia local y su pastor vino un día para tratar de lograr la reconciliación entre las familias…

Dinero perdido y encontrado

Personajes:
Juan
su esposa
Jorge
su esposa
el pastor

Juan encuentra un billete de $100 en la calle frente a su casa. Se lo mete en el bolsillo y empieza a pensar en cómo lo gastará. Dos días después, su esposa le dice que su vecino Jorge está teniendo un problema. El necesita medicina para la diabetes de su esposa, pero falta un billete de $100 que tenía en su billetera. Ha buscado por todas partes pero no puede encontrarlo. Juan comienza a sentirse nervioso y asustado. Finalmente le cuenta a su esposa lo que pasó. Discuten qué hacer y deciden pedir ayuda a su pastor. El pastor dice que deberían visitar a Jorge y su esposa para conversar.…

---

[9] Si el problema es una decisión difícil que debe tomarse, pida a cada persona que explique:
  1. ¿Cuál es la situación, como la ve?
  2. ¿Cuáles son las posibles decisiones que ve?
  3. ¿Quiénes se verían afectados por cada opción y cómo?
  4. ¿Cuál cree que es la mejor decisión?

El perro en el jardín

Personajes:
Tomás
Ruth
Mauricio
Ana
Raúl
los niños
el pastor

Tomás y Ruth vivían al lado de Mauricio y Ana en una pequeña ciudad. Todos iban a la misma iglesia y eran amigos. Mauricio y Ana estaban orgullosos de las verduras y flores que cultivaban en su jardín.

Tomás y Ruth tenían dos niños pequeños y no sembraban nada en su jardín. Un día, Tomás y Ruth decidieron comprar un perro en el refugio de animales. Llegaron a casa con un cachorro juguetón, amigable, y que era una mezcla de perros grandes al que llamaron Raúl. Pronto, Raúl estaba corriendo por su jardín y jugando felizmente con los niños.

Entonces, una mañana, Raúl entró en el jardín de Mauricio y Ana. Desenterró todos los tomates de su jardín y saltó sobre las flores. Mauricio agarró al perro por el collar y lo arrastró hasta la puerta principal de Tomás. "¡Toma tu perro!" dijo: "¡Ha destruido nuestro jardín!" Antes de que Tomás pudiera responder, Mauricio regresó a su casa.

Durante la semana siguiente, Tomás se esforzó por mantener al perro bajo control, pero una noche volvió a salir, ¡y esta vez desenterró las rosas favoritas de Ana! A partir de ese momento, Mauricio y Ana se negaron a hablar con Tomás y Ruth, incluso cuando estaban en la iglesia. Ahora el pastor está tratando de ayudarlos a reconciliarse....

5. Actividad de clausura (5 min.)

Reflexione sobre estas preguntas:

1. ¿Qué conversaciones difíciles debo abordar? ¿Con quién?
2. ¿Cómo puede abordarlos? ¿Cuándo?

2 CONVERSACIÓN EN PAREJAS

Compartan sus pensamientos y oren el uno por el otro.

Oren por la ayuda y la bendición de Dios al tomar esta iniciativa.

Lección 7. Buscando la reconciliación

Antes de comenzar:

- Para la sección 2: prepare 5 tiras de papel con versículos para cada mesa.
- Para la sección 3:
  - Corte 5 formas grandes de papel. Escriba una palabra del diagrama en cada una de las formas. Coloque una forma en cada mesa.
  - Prepare la dramatización.
- Para la sección 5: corte 6 formas grandes de papel. Escriba una palabra del diagrama en cada una de las formas. Coloque una forma en cada mesa.

En esta lección:

- Exploraremos buenas formas de hablar con personas que nos han lastimado y ofrecer perdón.
- Encontraremos buenas formas de acercarnos a las personas que hemos lastimado y pedirles perdón.

Introducción de la lección

Estamos llamados a vivir en armonía con los demás pero a veces nuestras relaciones son tensas. Otros pueden habernos lastimado, o puede que nosotros los hayamos lastimado. Ésta es una parte normal de vivir en comunidad. Necesitamos usar las habilidades de dirigir "conversaciones difíciles" (Lección 6) para buscar la reconciliación: perdonando a los demás o pidiendo a los demás que nos perdonen.

1. Los hijos perdidos (10 min.)

Jesús contó esta historia:

Había una vez un hombre que tenía dos hijos. El más joven le dijo: "Padre, dame mi parte de la propiedad ahora". Entonces el hombre dividió su propiedad entre sus dos hijos. Después de unos días, el hijo menor vendió su parte de la propiedad y se fue de la casa con el dinero.

Se fue a un país lejano, donde desperdició su dinero en una vida imprudente. Gastó todo lo que tenía. Luego, una severa hambruna se extendió por ese país, y se quedó sin nada. Entonces fue a trabajar para uno de los ciudadanos de ese país, quien lo envió a su granja para cuidar a los cerdos. Deseó poder llenarse con las vainas de frijoles que comían los cerdos, porque nadie le dio nada de comer.

Por fin volvió en sí y dijo: "¡Todos los trabajadores contratados de mi padre tienen más de lo que pueden comer, y aquí yo estoy a punto de morir de hambre! Me levantaré e iré a mi padre y le diré: 'Padre, he pecado contra Dios y contra ti. Ya no estoy en condiciones de ser llamado tu hijo; trátame como uno de tus trabajadores contratados.'" Entonces se levantó y comenzó el viaje de regreso a la casa de su padre.

Todavía estaba muy lejos de la casa cuando su padre lo vio; su corazón estaba lleno de lástima, y corrió, abrazó a su hijo y lo besó. "Padre", dijo el hijo, "he pecado contra Dios y contra ti. Ya no estoy en condiciones de ser llamado tu hijo". Pero el padre llamó a sus sirvientes. "¡Date prisa!", dijo. "¡Trae la mejor túnica y ponla sobre él. Pon un anillo en su dedo y zapatos en sus pies. Luego ve a buscar el becerro premiado y mátalo, y celebremos con un festín! Porque este hijo mío estaba muerto, pero ahora está vivo; estaba perdido, pero ahora lo han encontrado". Y así comenzó la fiesta.

Mientras tanto, el hijo mayor estaba en el campo. En su camino de regreso, cuando se acercó a la casa, escuchó música y baile. Entonces llamó a uno de los sirvientes y le preguntó: "¿Qué está pasando?" "Tu hermano ha regresado a casa", respondió el sirviente, "y tu padre ha matado al becerro premiado, porque lo recuperó sano y salvo".

El hermano mayor estaba tan enojado que no quería entrar a la casa; entonces su padre salió y le rogó que entrara. Pero él respondió a su padre: "Mira, todos estos años he trabajado para ti como un esclavo, y nunca he desobedecido tus órdenes. ¿Qué me has dado? ¡Ni siquiera una cabra para tener un festín con mis amigos! ¡Pero este hijo tuyo desperdició todas tus propiedades en prostitutas, y cuando regresa a casa, matas al becerro premiado por él!"

"Mi hijo," respondió el padre, "siempre estás aquí conmigo, y todo lo que tengo es tuyo. Pero tuvimos que celebrar y ser felices, porque tu hermano estaba muerto, pero ahora está vivo; estaba perdido, pero ahora lo han encontrado".

(*Lucas 15:11–32*)

CONVERSACIÓN EN GRUPOS PEQUEÑOS

1. ¿Quién necesitaba reconciliarse con quién?
2. ¿Qué hizo cada persona para buscar la reconciliación?
3. Piense en un momento en el que se haya sentido como uno de los hijos o como el padre.

Invite a hacer comentarios en el grupo grande.

2. ¿Qué actitudes son necesarias para vivir en armonía con otros?
(15 min.)

CONVERSACIÓN EN GRUPOS PEQUEÑOS

Lea los versículos a continuación. ¿Qué dicen sobre vivir en paz con los demás?

Romanos 12:17–18
Filipenses 2:6–11
Romanos 15:7
Hechos 10:34–45

Mateo 18:15–17
Mateo 5:23–24
Proverbios 9:7–9

Invite a hacer comentarios en el grupo grande. Luego agregue cualquiera de los siguientes puntos que no hayan sido mencionados:

- Por mucho que dependa de nosotros, debemos tratar de vivir en paz con todos, sin excepciones.
- Dios acepta a todas las personas por igual y nos perdona a todos generosamente.
- Debemos tener la misma actitud que Dios hacia los demás y ofrecer o pedir perdón cuando sea necesario.
- El resultado de las conversaciones difíciles es impredecible.
- Nuestra oferta de perdón puede ser aceptada o rechazada. Aun así, debemos hacer nuestra parte para vivir en paz con todos.

3. Ofreciendo el regalo del perdón
(30 min.)

Sanar las heridas del corazón nos ayuda a llevar nuestro dolor a Cristo y perdonar a los demás de corazón. Es un proceso que lleva tiempo. Cuando estemos listos, podemos dar el siguiente paso en el proceso.

CONVERSACIÓN EN GRUPO GRANDE

1. ¿Cuándo es prudente ofrecer perdón a alguien que lo ha lastimado?
2. ¿Cuándo es prudente esperar para ofrecer perdón?
3. ¿Cuándo es prudente perdonar a alguien en su corazón sin hablar con ellos al respecto?

En algunas situaciones, no es posible ofrecer perdón a nuestro ofensor, ya sea porque no podemos contactarlos o porque no sería seguro hacerlo. En estos casos, podemos encontrar una alternativa, cómo escribir una carta a la persona, decirle a alguien que tome el papel de representar a esa persona, o decirle a Dios en oración.

Figura 12. Ofrecer perdón es como dar un regalo al ofensor

ACTIVIDAD

Sandra y **Débora** trabajan en la misma oficina. Un día su jefe les pide que trabajen juntas en un proyecto, con Débora como líder. Débora está muy ocupada en su casa y no tiene mucho tiempo para ayudar a Sandra. Cuando entrega el proyecto terminado a su jefe, no le dice que Sandra hizo casi todo el trabajo. El jefe está tan satisfecho con el trabajo que le ofrece un ascenso a Débora. Por el momento, Débora no sabe qué hacer. Sabe que Sandra hizo el trabajo, pero podría usar el dinero extra para pagar algunas cuentas inesperadas, por lo que sonríe y acepta su oferta.

Dramatice estas tres formas en que podría desarrollarse su conversación:

1. Sandra le dice a Débora, "Necesito decirte honestamente que me heriste cuando aceptaste el ascenso que se basó en el trabajo que yo hice, pero después de orar mucho, te perdono y quiero que tengamos una buena relación de trabajo". **Débora dice**, "¡No hice nada malo! Si el jefe te ofreciera un ascenso, ¿No lo aceptarías? ¡No hay nada que perdonarme!"

2. Sandra le dice a Débora, "Sé lo que pasó y por qué obtuviste el ascenso. He tenido que orar por esto durante algunas semanas, pero finalmente te perdono por lo que hiciste". **Débora dice:** "Está bien, no es gran cosa. Algún día también te ascenderán. Todo en el tiempo de Dios".

3. Sandra le dice a Débora, "Sé lo que pasó y por qué obtuviste el ascenso. He tenido que orar por esto durante algunas semanas, pero finalmente te perdono por lo que hiciste". **Débora dice:** "Me he sentido mal por esto desde que sucedió. En ese momento, no podía pensar rápido. No lo sabes todavía, pero ayer fui con el jefe y le dije que tú fuiste quien hizo todo el trabajo. Dijo que te vería mañana para darte el ascenso en lugar de a mí. Siento mucho haber hecho algo tan malo. Gracias por tu perdón".

CONVERSACIÓN EN GRUPOS PEQUEÑOS

Comparta un momento en el que le haya ofrecido perdón a alguien. ¿Qué sucedió?

¿Su experiencia fue más como la dramatización 1, 2 o 3, o fue completamente diferente?

CONVERSACIÓN EN GRUPOS PEQUEÑOS

Entregue a cada grupo pequeño un papel con uno de los pasos a continuación escritos en letras grandes. Pídales que lean la sección, dialoguen y comenten en sus propias palabras. Haga que los representantes de cada grupo pequeño se preparen para presentar sus pensamientos al grupo grande.

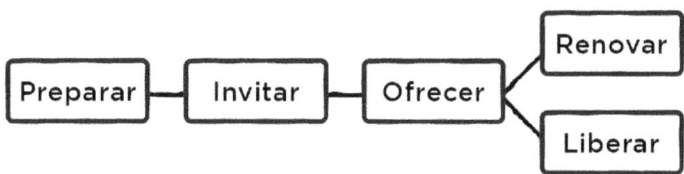

Figura 13. El proceso de ofrecer perdón

Preparar para la reunión:

- **Preparar**. Prepare su corazón. Vea las lecciones de *Sanar las heridas del corazón*: Llevar el dolor a la Cruz y Perdonar. Pídale a Dios discernimiento y humildad. Recuerde que, como ser humano, podría haber cometido la misma ofensa. Es posible que desee ensayar lo que dirá con alguien en quien confíe.
- **Invitar**. Consiga el lugar, el tiempo y las personas adecuadas. Esto puede involucrar sólo a usted y a la otra persona, o puede involucrar a otras personas afectadas por el problema. En algunas culturas, esto se hace directamente (*Mateo 18:18–17*) mientras que otras usan un mediador. Después de invitar a las personas, espere a que respondan.

En la reunión:

- **Ofrecer perdón.** Cuente su historia, incluyendo lo que sucedió y cómo se siente. Nombre el dolor que le ha causado. Dígales que le lastimaron, que los perdona y que no guarda rencor en su contra por lo que han hecho. Escuche su perspectiva y discúlpese por cualquier parte real que haya tenido en el problema. Exprese lo que necesita de ellos: por ejemplo, una explicación de por qué lo hicieron, o que escuchen su historia, o que se arrepientan de lo que hicieron o que usted no desea verlos de nuevo.
- **Renovar o liberar.** Pueden aceptar su regalo o rechazarlo: no hay garantías. Si la persona admite su ofensa y acepta el regalo del perdón, comienza el trabajo de reconstruir la relación. Esto llevará tiempo, y es posible que necesiten tiempo para enmendarlo. Si se enteró de que usted también lo lastimó, es posible que también deba enmendarlo. Haga algo para simbolizar su relación reparada: por ejemplo, plantar un árbol, hacer un ritual u orar juntos. Después de mucha oración y esfuerzo, si la persona rechaza

su regalo o si corre el riesgo de ser lastimado nuevamente por la persona, es posible que deba terminar la relación, sabiendo que ha hecho todo lo posible para vivir en paz con esa persona. No les desea el mal, pero ya no quiere que formen parte de su vida.

Haga que representantes de cada grupo se alineen en orden y compartan sus comentarios en el grupo grande.

4. ¿Qué es una buena disculpa? (10 min.)

A veces somos nosotros los que hemos causado una ofensa. Hacer una buena disculpa y pedir perdón es difícil, especialmente si la ofensa fue intencional.

CONVERSACIÓN EN GRUPO GRANDE

¿Por qué puede resultar difícil disculparse?

CONVERSACIÓN EN GRUPOS PEQUEÑOS

¿Qué es una mala disculpa?

¿Qué es una buena disculpa?

Invite a hacer comentarios en el grupo grande. Luego agregue cualquiera de los siguientes puntos que no hayan sido mencionados:

Una mala disculpa:

- "Lo siento, pero…" (¡No fue mi culpa!)
- "Lamento que te sientas así". (Tú eres el problema).
- "Lo siento. No quise lastimarte". (Soy inocente, de verdad).
- "Lo siento. Hice lo mejor que pude". (Soy bueno).
- "Lo siento si te lastimé". (¡No creo que lo haya hecho, pero tú crees que sí!)
- "Lo siento, así que perdóname, ¡ahora!"
- Decir que lo siento todo el tiempo, incluso por cosas de las que no fui responsable. (¡Estoy tan angustiado que necesitas cuidarme!)
- Decir que lo siento pero no hacer nada para enmendar.

Una buena disculpa:

- Asumo la responsabilidad de lastimarte.
- Escucho tu historia y siento tu dolor.
- Siento remordimiento y trato de no volver a hacerlo.

- Pongo mis palabras de disculpa en acción. Hago lo que puedo para enmendarlo.
- Te pido que me perdones por lo que he hecho.

Al igual que con ofrecer perdón, si no es posible o seguro contactar a la persona, escriba su disculpa en una carta o dígaselo a alguien que tome el papel de representar a la persona que ofendió. Esto puede ayudar a aliviar los sentimientos de remordimiento.

5. ¿Cómo podemos ofrecer una disculpa y pedir perdón?

(18 min.)

El proceso para pedir perdón es similar a ofrecer perdón.

CONVERSACIÓN EN GRUPOS PEQUEÑOS

Al igual que en el ejercicio de ofrecer perdón, entregue a cada grupo pequeño un papel con uno de los pasos a continuación escritos en letras grandes. Pida a cada grupo que lea su sección, dialoguen el contenido y observen en qué se diferencia de ofrecer perdón. Haga que los representantes de cada grupo pequeño se preparen para presentar sus pensamientos al grupo grande.

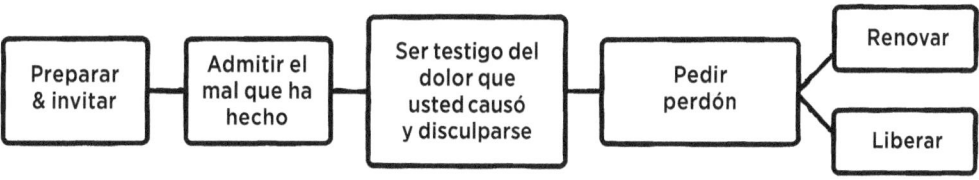

Figura 14. Ofreciendo una disculpa y pidiendo perdón

- **Preparar e invitar.** Pida a Dios discernimiento y humildad. La disculpa debe venir de su corazón. Puede ser una disculpa pública o privada. Todas las personas afectadas por la ofensa también deben estar enteradas de su disculpa.
- **Admitir el mal que ha hecho.** Nombre el daño que ha hecho y la forma en que ha afectado a otros. Diga la verdad, incluso si es vergonzoso. Asuma la responsabilidad de sus acciones. Responda cualquier pregunta que otros puedan tener honesta y completamente.
- **Ser testigo del dolor que usted causó y disculparse.** Permítales contar su historia y escuchar sin corregir detalles, discutir o estar a la defensiva. Después de escuchar su historia, puede darse cuenta de que los ha lastimado mucho más de lo que se dio cuenta y necesita agregarlos a la lista

de daños que ha causado. Al disculparse les devuelve la dignidad. Si más adelante necesitan hablar más sobre el tema, esté dispuesto a escuchar más.
- **Pedir perdón.** "¿Me perdonarás?" Ofrezca hacer las paces y comprométase a cambiar su comportamiento. No trate de obligar a la persona ofendida a perdonarle en el acto. Pueden necesitar tiempo.
- **Renovar o liberar** (lo mismo que al ofrecer el perdón). Si la persona está de acuerdo en perdonarlo, acéptelo sin tratar de juzgar si la persona fue sincera. Trabaje para renovar la relación a través de buenas experiencias juntos. Si la persona no acepta sus disculpas o no desea mantener una relación con usted, puede dar por terminada la relación, sabiendo que hizo su parte.

Haga que los representantes de cada grupo se alineen en orden y compartan sus comentarios en el grupo grande.

6. Ejercicio de clausura (7 min.)

REFLEXIÓN INDIVIDUAL

Pídale a Dios en oración que le muestre si necesita ofrecer perdón a alguien o si necesita disculparse con alguien. Observe los pasos de los procesos anteriores y desarrolle un plan de acción.

Ore por la ayuda de Dios.

Lección 8. Buscando su propósito en la vida

Antes de comenzar:

- Para la sección 5: Entregue hojas grandes de papel para cada persona en las mesas. Tenga marcadores o pinturas disponibles en cada mesa.

En esta lección:

- Exploraremos la importancia de encontrar el propósito de Dios para nuestras vidas.
- Encontraremos formas de cumplir nuestro propósito, quizás convirtiendo nuestro sufrimiento en bien.
- Dialogaremos formas de cuidarnos a nosotros mismos para no agotarnos.

Introducción de la lección

El trauma nos quita la voz: no tenemos voz en lo que sucede. El trabajo nos ayuda a recuperar nuestra voz. Nos permite ver que tenemos un papel que desempeñar en el mundo, que podemos influir en nuestro entorno. A veces nuestro propósito surge del trauma que hemos experimentado.

Para prosperar, necesitamos cumplir el propósito que Dios tiene para nosotros. Esto puede ser en el ministerio cristiano, la educación, la ciencia, las artes, el trabajo social, la política o cualquier parte de la vida. A medida que cumplimos con nuestro propósito, debemos recordar cuidar nuestras propias necesidades para no agotarnos.

1. La historia de Carlos (10 min.)

Había un joven llamado Carlos que vivía en el pueblo de Ibobo. Tenía 22 años y le resultaba muy difícil ganar dinero. Una noche, cuando supo que una familia estaría fuera por unos días, entró sigilosamente en su casa a través de una ventana trasera. Tomó su televisor y llenó una maleta vacía con ropa. Se arrastró de nuevo y regresó a su casa con lo que había robado. Comenzó a planificar cómo venderlo.

Él no sabía que un vecino lo había visto entrar a la casa y sacar cosas. Temprano en la mañana siguiente, el vecino lo denunció con la policía, quienes fueron directamente a la casa de Carlos. Lo encontraron allí con los bienes robados. Lo arrestaron y le dieron una sentencia de dos años en prisión.

Mientras estaba en la prisión, Carlos asistió a sesiones de sanidad del corazón y lidió con la vergüenza que sentía. También le entregó su vida a Jesús y le pidió que lo sanara. Carlos descubrió que le gustaba trabajar con madera en la clase de carpintería de la prisión. Al final de su sentencia fue puesto en libertad, y una organización de ayuda social le regaló un kit de herramientas de carpintería.

Regresó al pueblo y comenzó a ganarse la vida haciendo sillas y arreglando puertas y ventanas de casas. Visitó una iglesia con regularidad y se unió a un grupo de hombres que se reunían una vez por semana para rezar el uno por el otro. Un hombre mayor en el grupo le brindó mucha ayuda. Comenzó a sentirse feliz y se dio cuenta de que estaba haciendo algo útil que disfrutaba. Ayudó a algunas viudas a reparar sus casas deterioradas sin cobrarles, y también comenzó a pagar las mensualidades escolares de un hermano menor.

Al salir de la prisión, Carlos se sentía avergonzado porque todos sabían que había estado encarcelado. Pero a medida que pasaba el tiempo, lo llegaron a considerar un miembro útil de su comunidad.

CONVERSACIÓN EN GRUPOS PEQUEÑOS

1. ¿Por qué era importante que Carlos encontrara un trabajo que le gustaba?
2. Después de su regreso, ¿cómo contribuyó a la comunidad?
3. ¿Cómo le ayudó la iglesia?

Invite a hacer comentarios en el grupo grande.

---

2. ¿Cómo podemos encontrar nuestro propósito en la vida?

(20 min.)

Encontrar nuestro propósito en la vida requiere reflexionar y prestar atención a cómo nos sentimos mientras participamos en las actividades.

REFLEXIÓN INDIVIDUAL

1. Piense en lo que hace cada día. ¿Le hace sentir como una planta marchita o una planta que está floreciendo? Explique.
2. ¿Qué tipo de cosas le hacen florecer? ¿Qué tipo de cosas le hacen marchitar?

Figura 15. ¿Florecer o marchitar?

Invite a hacer comentarios en el grupo grande.

Nuestro propósito en la vida puede ser el trabajo que proporciona un ingreso o puede ser algo que hacemos en nuestro tiempo libre, como un pasatiempo, ministerio o trabajo voluntario. Sabemos que estamos cumpliendo nuestro propósito en la vida cuando lo que estamos haciendo:

- nos desafía y captura nuestra imaginación.
- nos permite ejercitar nuestros dones y la creatividad.
- nos permite sentirnos orgullosos de lo que hemos hecho.
- nos da alegría, energía, satisfacción y dignidad.

Cualquier tipo de trabajo o ministerio que nos satisfaga a corto o largo tiempo evitará que nos marchitemos como una planta sin sol. ¡Esto no quiere decir que en una vida plena no pueda ocurrir algo desagradable! Nuestro propósito podría cambiar con el tiempo.

A veces nuestras opciones son limitadas, pero siempre hay algo, aunque parezca pequeño, que podemos hacer que nos traiga gozo y satisfacción (*Jeremías 31:2*). Por ejemplo, si estamos en un campo de refugiados, necesitamos pensar de manera creativa para encontrar algo que podamos hacer que nos traiga gozo.

Estamos hechos a imagen de Dios. Él trabajó para crear el universo. Igual nosotros trabajamos y somos creativos (*Génesis 1:28; 2:15 y 19–20*). Podemos ofrecer nuestro trabajo como un acto sagrado de adoración a Dios (*Efesios 6:5-7; Colosenses 3:23–24*).

CONVERSACIÓN EN GRUPOS PEQUEÑOS

1. ¿Qué nos enseñan estos versículos acerca de cumplir nuestro propósito en la vida?
2. ¿Cómo se considera sagrado el trabajo?

Éxodo 31:1–5 (artistas del tabernáculo)
Salmo 81:2 (músico)
Génesis 4:21 (Jubal)
Hechos 9:36–39 (Dorcas)
Hechos 16:14 (Lidia)

Invite a hacer comentarios en el grupo grande.

3. ¿Cómo podemos cumplir nuestro propósito? (15 min.)

Figura 16. Usando el dolor para el bien

En todo momento, aun cuando nos suceden cosas malas, Dios obra para sacar lo bueno de ellas, y nosotros podemos ayudar en ese proceso. En lugar de ser aplastados por el trauma, es posible que podamos superarlo y usar nuestro dolor para el bien. Nuestra debilidad puede convertirse en nuestra fuerza. Por ejemplo, un hombre que fue abusado cuando era niño comenzó un ministerio de niños vulnerables que ha ayudado a cientos de miles de niños en todo el mundo. En la Biblia, el sufrimiento de José lo llevó a salvar a su pueblo y a los egipcios del hambre *(Génesis 50:20)*.

CONVERSACIÓN EN GRUPOS PEQUEÑOS

¿En dónde se encuentra usted en esta ilustración: siendo aplastado por el trauma o superándolo y usándolo para bendecir a otros, o se encuentra en algún lugar de este proceso?

ACTIVIDAD INDIVIDUAL

Piense sobre:

- Sus habilidades, experiencia y educación
- Las necesidades de su comunidad: pueden variar, de necesidades prácticas hasta proveer entretenimiento o arte
- Los recursos disponibles (no solo recursos financieros)

Trate de encontrar formas en que estas cosas se unan. Completar esta oración podría ayudar:

Podría usar mi habilidad/experiencia/conocimiento de _____

para ayudar a mi comunidad con su necesidad de _____. Para

hacer esto, también necesitaría obtener _____

(recursos o ayuda) de _____ (¿Quién?/¿Dónde?).

Invite a hacer comentarios en el grupo grande.

Una vez que haya identificado algo que podría hacer que lo ayude a experimentar el propósito en su vida, sería bueno conectarse con otros involucrados en esta área, aprender de ellos y quizás trabajar juntos.

4. Poner límites alrededor de su trabajo (20 min.)

Su trabajo puede ser tan exigente o inspirador que necesita ponerle límites para no agotarse.

> **CONVERSACIÓN EN GRUPOS PEQUEÑOS**
>
> ¿Qué dicen estos pasajes de la Biblia sobre el descanso?
>
> *Génesis 2:1–3* *Salmo 127:1–2*
> *Éxodo 20:8–11*
>
> 1. ¿Qué implica descansar?
> 2. ¿Cuál es la diferencia entre dormir y descansar?
> 3. ¿Qué le impide descansar?

Invite a hacer comentarios en el grupo grande. Luego agregue cualquiera de los siguientes puntos que no hayan sido mencionados:

Descansar demuestra que:

- obedecemos el mandato de Dios de descansar (*Génesis 2:2; Éxodo 20:8–11*).
- sabemos que no todo depende de nosotros, no somos indispensables. El gran amor de Dios es el que obra en el mundo (*Juan 3:16*).
- nos damos cuenta de que incluso si terminamos el trabajo que tenemos hoy, siempre habrá más.

Descansar es diferente a dormir. El descanso implica:

- Hacer del descanso parte del ritmo de su vida: todos los días, un día a la semana y, si es posible, al menos una semana al año. Para cada montaña de actividad, necesitamos planificar tener un valle de descanso.

Figura 17. Para cada montaña, hay un valle

- Encontrar algo que no implique el logro de una meta. Necesita ser algo que no esté relacionado con nuestro trabajo normal para que podamos volver a nuestro trabajo sintiéndonos renovados. Puede ser practicar deportes, visitar amigos, cocinar, hacer manualidades o jugar con niños. Para muchas personas, puede ser necesario apagar los celulares e Internet.
- Identificar nuestras fuentes de estrés. Puede provenir de:

    - trauma
    - gente que quiere nuestra ayuda
    - cosas buenas que nos sobreestimulan

El estrés afecta el cuerpo, sin importar cuál sea la fuente. Nuestros cuerpos simplemente sienten que hay una emergencia y responden con una oleada extra de fuerza y energía. Podemos volvernos adictos a este aumento de energía y convertirlo en una forma de vida. Si hacemos esto, desgastaremos nuestros cuerpos y con el tiempo, dejaremos de servir bien a Dios y a los demás. El descanso no es opcional.

CONVERSACIÓN EN PAREJAS

1. ¿Qué tipo de cosas encuentra refrescantes?
2. ¿Qué desafíos le impiden descansar cada día, semana y año?
3. ¿Por qué es difícil para usted decir "no" a los demás? ¿A las nuevas oportunidades?

Invite a hacer comentarios en el grupo grande.

5. Actividad de clausura (15 min.)

Elija una de estas actividades:
1. Haga un dibujo de usted llevando a cabo su propósito en la vida.
2. Haga un dibujo de las cosas que hará para cuidarse. Colóquelo donde le recuerde lo que debe hacer.

Lección 9. Abogando por justicia

Antes de comenzar:

- Para la sección 2: Prepare una tabla en papel de rotafolio.

En esta lección:

- Describiremos las formas en que funciona la injusticia en una sociedad.
- Identificaremos grupos en nuestras comunidades que sufren injusticias.
- Dialogaremos sobre quién debería participar en la lucha contra la injusticia y cuál podría ser nuestra parte.

Introducción de la lección

A medida que experimentamos la sanidad de nuestro propio trauma, podemos sentirnos atraídos a ayudar a otros que están sufriendo. Es posible que estas personas no puedan realizar conversaciones difíciles porque no hay quien escuche sus voces. Necesitan ayuda tanto para recuperarse de su sufrimiento como para cambiar las estructuras injustas que perpetúan su dolor. En esta lección, veremos cómo hablar en contra de la injusticia. Cuando lo hacemos, no solo reducimos el sufrimiento, sino que también cumplimos con nuestro papel de seguidores de Jesús en el mundo (*Lucas 4:18–19*). La gente verá por nuestras acciones que Dios y los cristianos promueven la justicia.

1. La historia de Samuel (15 min.)

Samuel estaba en la cama, incapaz de dormir. A través de la pared, podía escuchar cómo golpeaban brutalmente a su vecino. Esto continuó hasta que después de un rato, los gritos del niño se convirtieron en débiles gemidos.

Samuel luchó con su responsabilidad en esta situación. Había escuchado al niño de su vecino ser golpeado antes, pero esta vez el padre estaba furioso y había perdido el control. Finalmente, Samuel no pudo soportarlo más. Le dijo a su esposa que tenía que hacer algo al respecto. Su esposa le dijo que no era asunto suyo; que sería inapropiado intervenir. Samuel intentó no actuar, pero finalmente se levantó y llamó a su amigo, que era policía.

Su amigo policía llegó rápido. Entraron en la casa del vecino y sacaron al niño. La sangre estaba en todas partes. El padre protestó pero no pudo hacer nada. El policía llevó el niño al hospital y luego se hicieron arreglos para que viviera con familiares.

El vecino de Samuel nunca volvió a saludarlo.

Después de este incidente, Samuel y su esposa trabajaron con la policía para orientar a las personas del vecindario que debían denunciar los casos de abuso infantil y cómo hacerlo. Trabajando juntos, el abuso infantil se redujo significativamente.

CONVERSACIÓN EN GRUPOS PEQUEÑOS

1. ¿Qué riesgos tomó Samuel cuando abordó la situación?
2. ¿Quién se benefició de la acción que tomó Samuel? ¿Cómo se beneficiaron?
3. ¿Quién sufrió por la acción que tomó Samuel y cómo sufrieron?
4. ¿Cuándo es apropiado involucrarse para ayudar a las personas que sufren injusticias?
5. ¿Qué hicieron Samuel y su esposa para abordar el abuso infantil en su comunidad?

Invite a hacer comentarios en el grupo grande.

2. Entender cómo funciona el poder (20 min.)

Dios nos ha dado poder; tiene la intención de que lo usemos para el bien de todos. Él nos ha dado a cada uno de nosotros diferentes dones, habilidades y experiencias (*Lucas 19:11-27*). Cada uno de nosotros tiene diferentes cantidades de responsabilidad y poder. Cualquiera que sea la cantidad de poder que se nos haya dado, debemos usarlo para servir a los demás, como lo hizo Jesús (*Mateo 20:25-28; Filipenses 2: 3-8*).

La injusticia ocurre cuando las personas usan su poder para beneficiar a su grupo y oprimir a los demás. La injusticia sistémica es cuando crean sistemas de leyes, estructuras y costumbres que oprimen a otros.

Una manera fácil de medir el nivel de justicia en una comunidad es observar la forma en que se trata a las viudas, los huérfanos y los extranjeros (inmigrantes, refugiados, personas desplazadas).

CONVERSACIÓN EN GRUPOS PEQUEÑOS

1. ¿Cómo usa la gente su poder para crear sociedades injustas?
2. ¿Quién sufre en una sociedad injusta? ¿Cómo sufren?
3. ¿Qué cosas esperaría ver en una sociedad justa?

Invite a hacer comentarios en el grupo grande. Luego agregue cualquiera de los siguientes puntos que no hayan sido mencionados:

Cuando hay injusticia:

- todos sufren (*Proverbios 22:16; 1 Corintios 12:26*), y algunos sufren más que otros.
- no hay verdadera paz.

Es de interés de todos trabajar por la justicia.

CONVERSACIÓN EN GRUPO GRANDE

Piense en un problema de injusticia en su comunidad; por ejemplo, refugiados, discapacitados, víctimas de trata, mujeres o viudas. Copie la columna de la izquierda del cuadro en otro papel que todos puedan ver (o mirar la página, solo cubra la columna de la derecha). Lea la columna de la izquierda y piense cómo se aplica a las personas con más poder. Analice cómo se aplica a quienes tienen menos poder. Luego lea lo que está escrito en la columna de la derecha de esa fila y analice cómo se aplica eso a su problema.

LAS PERSONAS CON MÁS PODER PODRÍAN:	LAS PERSONAS CON MENOS PODER PODRÍAN:
Proteger el status quo, posiblemente utilizando la violencia y el poder político para hacerlo.	Estar expuestos a más violencia y carecer de protección policial. Estar alerta todo el tiempo por riesgo de ataques. Tener miedo y estar intimidados.
Tener muchas oportunidades para obtener mejor ingresos, educación, vivienda, asistencia médica, trabajos, préstamos, etc.	Tener pocas oportunidades de ingresos, educación, vivienda, asistencia médica, trabajos, préstamos, etc.
Aislarse de la sociedad en general y perder el contacto con la experiencia y necesidades de los demás.	Estar aislados y ser invisibles para la sociedad en general; por ejemplo, el matrimonio mixto no está permitido, pueden verse obligados a vivir en determinadas zonas, etc.
Tener el poder de escribir la historia desde su perspectiva.	Ser ignorado o tergiversado en la historia del área. Perder su identidad.
Ser ciegos a sus privilegios y no sentirse responsables de la forma en que funciona la sociedad.	Perder la esperanza: "Las cosas nunca mejorarán. No vale la pena intentarlo".
Imponer su cultura a los demás.	Negar su identidad para ser aceptado.

LAS PERSONAS CON MÁS PODER PODRÍAN:	LAS PERSONAS CON MENOS PODER PODRÍAN:
Ser inconscientes e insensibles de que los demás se sienten incómodos o enfrentan desafíos.	Sentirse avergonzado de que no son lo suficientemente buenos.
Sentir que pueden expresar sus emociones libremente, incluyendo la ira.	Necesitar contener sus emociones, especialmente la ira, alrededor de personas con más poder.
Vivir cómodamente.	Usar toda su energía para sobrevivir. Trabajar duro para tener lo esencial.

REFLEXIÓN INDIVIDUAL

¿Cómo se ve usted en estas descripciones de personas con más poder y menos poder?

3. La Biblia habla sobre la injusticia (20 min.)

Dios nos llama a abordar la injusticia dondequiera que la veamos. Todas las personas fueron creadas a imagen de Dios y deben ser tratadas con justicia y respeto.

CONVERSACIÓN EN GRUPOS PEQUEÑOS

Busque estos pasajes y conversen cómo se siente Dios acerca de la injusticia:

Proverbios 17:15   *Salmo 89:14*
Proverbios 6:16–19   *Hechos 10:34–35*
Éxodo 3:7–10   *Amós 5:14–15*

Invite a hacer comentarios en el grupo grande. Luego agregue cualquiera de los siguientes puntos que no hayan sido mencionados:

La justicia es un tema importante en la Biblia. Dios escucha el llanto de los pobres. Odia la injusticia (*Proverbios 6:16–19 y 17:15*) y envía personas para ayudar (*Éxodo 3:7–10; Salmo 89:14*). Dios recibe y se preocupa por todas las personas sin excepción (*Hechos 10:34–35*). Él quiere que sigamos su ejemplo (*Amós 5:14–15*).

En *Isaías 61:1–2*, leemos que Dios sana el corazón quebrantado de las personas y las consuela en su dolor. El pasaje continúa comparándolos con árboles que crecen lentamente, se vuelven fuertes y reconstruyen ciudades.

> *Ellos, en su justicia, serán como grandes robles*
> *que el Señor ha plantado para su propia gloria.*
> *Reconstruirán las ruinas antiguas,*
> *reparando ciudades destruidas hace mucho tiempo.*
> *Las resucitarán,*
> *aunque hayan estado desiertas por muchas generaciones.*
>
> *(Isaías 61:3b-4 NTV)*

Servir a los que sufren es servir a Cristo (*Mateo 25:31-46*). Este comportamiento agrada a Dios (*Isaías 58:6-12*).

CONVERSACIÓN EN GRUPOS PEQUEÑOS

¿Cómo ve el mal uso del poder en estos pasajes?

Mateo 14:6-10
2 Samuel 11:1-17
Éxodo 5:6-14

Invite a hacer comentarios en el grupo grande..

4. Preparándose para ayudar (20 min.)

Las sociedades no cambian rápidamente y alterar la situación actual puede ser peligroso. Las personas que se benefician de cómo están las cosas pueden contraatacar. Necesitamos prepararnos para un largo esfuerzo con conocimiento y paciencia (*Proverbios 19:2*).

Primero, debemos pedirle a Dios que nos ayude a tomar conciencia de las personas que sufren injusticias a nuestro alrededor. ¡Esto puede ser más difícil de lo que pensamos! Nuestra sociedad podría haber:

- eliminado de la vista las personas que sufren injusticia, ya sea matándolos o limitando su presencia y exposición en público.
- forzado a las personas a actuar como la mayoría, renunciando a su vestimenta, idioma y cultura, al menos en público.
- menospreciado estos grupos (*Lucas 10:31-32*). Pueden ser considerados exóticos e interesantes, como paisajes de los que tomamos fotos, o podemos pensar en ellos como máquinas que realizan tareas por nosotros. Es posible que no se les considere valiosos y creados a la imagen de Dios. La injusticia podría llegar a aceptarse como algo normal ("Así es la vida aquí").

> **CONVERSACIÓN EN GRUPOS PEQUEÑOS**

¿Quién sufre injusticias en su comunidad? Pídale a Dios que abra sus ojos para poder verlos.

> **CONVERSACIÓN EN GRUPOS PEQUEÑOS**

Dividir en grupos según la iglesia, el ministerio o los intereses y analicen estas preguntas:

1. ¿Qué cosas en nuestra sociedad dificultan la vida de este grupo?
2. ¿Quién más está respondiendo a este grupo a nivel local, nacional o mundial?
3. ¿Con cuál de los grupos que se están atendiendo usted podría trabajar? No se puede luchar contra la injusticia solo.
4. ¿Cuál es su parte? Hable sobre a qué Dios podría estar llamándolo a hacer. No puede hacer todo.

Invite a hacer comentarios en el grupo grande.

---

5. Tomar acción (10 min.)

> **CONVERSACIÓN EN GRUPOS PEQUEÑOS**

1. ¿Qué puede hacer usted para ayudar a defender la justicia?
2. ¿Cómo podría actuar de manera que respete y empodere a las personas en lugar de hacerlas sentir como víctimas indefensas?

Invite a hacer comentarios en el grupo grande. Luego agregue cualquiera de los siguientes puntos que no hayan sido mencionados:

- **Conciencia:** Haga un plan para hablar sobre el tema, para crear conciencia, para hacer que las personas 'sin voz' sean escuchadas. Encuentre formas de lograr un cambio en las estructuras que perpetúan la injusticia: vivienda, educación, servicios médicos, votación, etc.
- **Acompañar a los vulnerables a obtener ayuda:** Ayúdelos a localizar los recursos existentes.
- **Seguridad:** Piense en las posibles consecuencias de sus acciones tanto para los defensores como para las víctimas.
- **Comunidad:** Ayude a las víctimas a formar parte de una comunidad. Por ejemplo, las personas que salen de la cárcel pueden necesitar un hogar y

un trabajo. Es posible que necesiten ayuda para aprender a funcionar con éxito en la sociedad. La iglesia podría ser esta comunidad.

6. Ejercicio de clausura (5 min.)

Mientras piensa en lo que le gustaría hacer, ¿qué desafíos anticipa?

Oren juntos por la ayuda de Dios y por aquellos que sufren injusticia.

Ceremonia de clausura para sesiones de capacitación

Haga planes sobre cómo puede usar estas lecciones con aquellos que ya han completado *Sanar las heridas del corazón*. Comparta sus planes con el grupo.

Luego, comisione a los facilitadores usando la sugerencia a continuación:

Presentación de los candidatos al sacerdote/pastor oficiante por parte del Facilitador principal

Facilitador principal: Siervo de Dios, le presento a estas personas que han sido capacitadas en la Sanidad del trauma basada en la Biblia, para que puedan ser comisionados para el servicio de Cristo y su Iglesia en el ministerio de sanidad del trauma.

Sacerdote / Pastor: ¿Se han ocupado de que estas personas que me están presentado para la comisión hayan sido capacitadas, estén completamente calificadas y estén dispuestas a servir a Cristo y a su Iglesia?

Facilitador principal: Les hemos capacitado y examinado y hemos descubierto que son dignos de ser comisionados.

Sacerdote / Pastor: [a los líderes de la Iglesia y otras personas presentes] ¿Están los aquí reunidos de acuerdo en que estas personas sean comisionadas para la misión de Cristo y su Iglesia?

Todos: Estamos de acuerdo.

Sacerdote / Pastor: [a los candidatos] A ustedes que han sido entrenados, examinados y ahora presentados para ser comisionados para el servicio de Cristo y su Iglesia, les encomiendo en la presencia de Dios y su Iglesia y en presencia de esta congregación que con sus propios labios y desde su propio corazón declaren su lealtad a Cristo que les llamó a este ministerio y respondan a estas preguntas que ahora les hago:

Sacerdote / Pastor: ¿Estarán dispuestos a dirigir sesiones de sanidad en la Iglesia de Cristo dondequiera que la Iglesia y su liderazgo lo pidan?

Candidatos: Lo haremos, siendo Dios nuestro ayudador.

Sacerdote / Pastor: ¿Orarán por el cuerpo de Cristo y lo apoyarán, incluyendo a los solitarios, las viudas y los huérfanos, los débiles y todos los demás que necesitan experimentar el amor de Dios mientras se encuentran en situaciones difíciles a través del ministerio de sanidad del trauma?

Candidatos: Oraremos y los apoyaremos, siendo Dios nuestro ayudador.

Sacerdote / Pastor: ¿Se esforzarán por administrar bien la creación de Dios y cuidar de las personas a las que se les envían?

Candidatos: Nos esforzaremos por hacerlo, siendo Dios nuestro ayudador.

Sacerdote / Pastor: Padre celestial, oramos por estas personas a quienes ahora comisionamos para que sirvan como facilitadores de sanidad en la Iglesia de Cristo. Que tu mano paterna esté siempre sobre ellos para que su ministerio pueda satisfacer las necesidades de la gente que ha experimentado situaciones difíciles y para que puedan recibir tu sanidad para la gloria de tu nombre. Que tu Espíritu Santo sea su guía en todo momento y les guíe en el conocimiento y la obediencia a tu llamado sobre sus vidas y para que puedan encontrar satisfacción en esta obra y en sus propias vidas a través de Cristo, quien vive y reina con nosotros por los siglos de los siglos. Amén.

El Señor les bendiga y les cuide a cada uno de ustedes, para que permanezcan fieles servidores como han prometido, y que la bendición de Dios Todopoderoso, Padre, Hijo y Espíritu Santo esté con ustedes ahora y siempre. *Amén.*

Distribución de certificados

Oración de cierre y bendición

Recursos

1. Luchando con Dios

Gutierrez, Gustavo. *On Job: God-Talk and the Suffering of the Innocent.* Maryknoll, NY: Orbis, 1987.

Katangole, Emmanuel. *Born from Lament: The Theology and Politics of Hope in Africa.* Grand Rapids, MI: Eerdmans, 2017.

O'Connor, Kathleen. *Jeremiah : Pain and Promise.* Minneapolis, MN: Fortress Press, 2011.

Africa Study Bible, notes to the book of Job. Oasis International Ltd, 2016.

2. El bien y el mal

Plantinga, Cornelius. *Not the Way It's Supposed to Be: A Breviary of Sin.* Grand Rapids, MI: Eerdmans, 1996, 158–162.

Adams, Marilyn McCord. *Horrendous Evils and the Goodness of God.* Ithaca, NY: Cornell University Press, 2000.

Volf, Miroslav. *Free of Charge: Giving and Forgiving in a Culture Stripped of Grace.* Grand Rapids, MI: Zondervan, 2005, pp. 95–96.

Lewis, C. S. *Mere Christianity.* New York, NY: HarperOne, 2001, pp. 42–46.

3. Trauma y bendición generacional

Healing the Wounds of Generational Trauma: The Black and White American Experience. Philadelphia, PA: American Bible Society, 2021.

Jennings, Willie James. *The Christian Imagination: Theology and the Origins of Race.* New Haven, CT: Yale University Press, 2010.

Laurence J. Kirmayer, Gregory M. Brass, Tara Holton, Ken Paul, Cori Simpson, and Caroline Tait. *Suicide among Aboriginal People in Canada.* Ottawa, Ontario: Aboriginal Healing Foundation, 2007. www.ahf.ca.

4. Vergüenza y culpa

Thompson, Curt. *The Soul of Shame: Retelling the Stories We Believe About Ourselves.* Chicago, IL: InterVarsity Press, 2015.

———. *Anatomy of the Soul: Surprising Connections between Neuroscience and Spiritual Practices That Can Transform Your Life and Relationships.* Chicago, IL: Tyndale, 2010.

Langberg, Diane. *Suffering and the Heart of God: How Trauma Destroys and Christ Restores.* Greensboro, NC: New Growth Press, 2015.

Langberg, Diane Mandt. *Counseling Survivors of Sexual Abuse.* Xulon Press, 2003.

Scazzero, Peter. *The Emotionally Healthy Church: A Strategy for Discipleship That Actually Changes Lives.* Grand Rapids, MI: Zondervan, 2010.

Flanders, Christopher L. *About Face: Rethinking Face for 21st Century Mission.* Eugene, OR: Pickwick, 2011.

de Silva, D.A. "Honor and Shame." In *Dictionary of New Testament Background,* edited by Craig A. Evans and Stanley E. Porter, 518–22. Downers Grove, IL: InterVarsity, 2000.

de Silva, D.A. *Honor, Patronage, Kinship & Purity: Unlocking New Testament Culture.* Downers Grove, IL: InterVarsity Press, 2000.

de Silva, D.A. *The Letter to the Hebrews in Social-Scientific Perspective.* Vol. 15. Cascade Companions. Eugene, OR: Wipf and Stock Publishers, 2012.

Adams, Marilyn McCord. *Horrendous Evils and the Goodness of God.* Ithaca, NY: Cornell University Press, 2000.

Lau, Te-Li. *Defending Shame: Its Formative Power in Paul's Letters.* Grand Rapids, MI: Baker Academic, 2020.

Brené Brown, "Listening to Shame". https://www.ted.com/talks/brene_brown_listening_to_shame?language=en

5. Usando nuestros sentimientos para el bien

Lerner, Harriet. *Why Won't You Apologize: Healing Big Betrayals and Everyday Hurts.* New York, NY: Touchstone, Simon and Schuster, 2017.

McCombs, Margi, James Covey, and Kalyn Lantz. *Healing Teens' Wounds of Trauma: How the Church Can Help Facilitator Guide,* Philadelphia, PA: American Bible Society, 2017, 37-44.

Elliot, Matthew. *Faithful Feelings: Rethinking Emotion in the New Testament.* InterVarsity UK/Kregel, 2006.

Thompson, Curt. *The Soul of Shame: Retelling the Stories We Believe About Ourselves.* Chicago, IL: IVP, 2015.

———. *Anatomy of the Soul: Surprising Connections between Neuroscience and Spiritual Practices That Can Transform Your Life and Relationships.* Chicago, Il: Tyndale, 2010.

Activity: Feelings map of your "house"/self https://www.youtube.com/watch?v=gm9CIJ74Oxw

Hart, Archibald. *The Anxiety Cure: You Can Find Emotional Wholeness and Tranquility.* Nashville, TN: Thomas Nelson, 2001.

Brain video: https://www.youtube.com/watch?v=gm9CIJ74Oxw

6. Conversaciones difíciles

Healing the Wounds of Trauma Advanced Facilitator Handbook, 2016 version on interpersonal conflict

Patterson, Kerry, Joseph Grenny, Ron McMillan, and Al Switzler. *Crucial Conversations: Tools for Talking When Stakes Are High.* 2nd ed. McGraw Hill, 2011.

Stone, Douglas, and Sheila Heen. *Thanks for the Feedback: The Science and Art of Receiving Feedback Well.* London, UK: Penguin, 2014.

7. Viviendo en paz con los demás

Volf, Miroslav. *Exclusion and Embrace.* Nashville, TN: Abingdon Press, 1996.

———. *Free of Charge: Giving and Forgiving in a Culture Stripped of Grace.* Grand Rapids, MI: Zondervan, 2005.

———. *The End of Memory: Remembering Rightly in a Violent World.* Grand Rapids, MI: Eerdmans, 2006.

Lerner, Harriet. *Why Won't You Apologize: Healing Big Betrayals and Everyday Hurts.* New York, NY: Touchstone, Simon and Schuster, 2017.

Tutu, Desmond, and Mpho Tutu. *The Book of Forgiveness.* San Francisco, CA: Harper One, 2015.

Lazare, Aaron. *On Apology.* Oxford, UK: Oxford University Press, 2004.

8. Cumpliendo su propósito en la vida

Sayers, Dorothy. "Why Work?" In *A Christian Basis for the Post-War World.* England: S.C.M. Press, 1942.

Thompson, Curt. *The Soul of Shame: Retelling the Stories We Believe About Ourselves.* Chicago, IL: IVP, 2015.

———. *Anatomy of the Soul: Surprising Connections between Neuroscience and Spiritual Practices That Can Transform Your Life and Relationships.* Chicago, Il: Tyndale, 2010.

Mollica, Richard. *Healing Invisible Wounds: Paths to Hope and Recovery in a Violent World.* Nashville, TN: Vanderbilt University Place, 2008.

Scazzero, Peter. *The Emotionally Healthy Church: A Strategy for Discipleship That Actually Changes Lives.* Grand Rapids, MI: Zondervan, 2010.

Hart, Archibald. *Adrenaline and Stress: The Exciting New Breakthrough That Helps You Overcome Stress Damage.* Nashville, TN: Thomas Nelson, 1995.

Buchanan, Mark. *The Rest of God: Restoring Your Soul by Restoring Sabbath.* Nashville, TN: Thomas Nelson, 2007.

Barton, Ruth Haley. *Invitation to Solitude and Silence: Experiencing God's Transforming Presence.* IVP, 2010.

9. Abogando por la justicia

Haugen, Gary. *The Locust Effect.* Oxford, UK: Oxford University Press, 2014.

Stevenson, Bryan. *Just Mercy: A Story of Justice and Redemption.* Spiegel & Grau, 2014.

Schreiter, Robert. *The Ministry of Reconciliation: Spirituality and Strategies.* Maryknoll, NY: Orbis, 1998.

O'Connor, Kathleen. *Lamentations and the Tears of the World.* Maryknoll, NY: Orbis, 2002.

Agradecimientos

La visión de este conjunto de lecciones provino de Katherine Barnhart. Ella estaba en contacto con grupos de sanidad del corazón en varios lugares del mundo que se habían unido, madurado y trabajado juntos en *Sanar las heridas del corazón*. Querían seguir reuniéndose y profundizar juntos en su trabajo de sanidad. Katherine buscó algo que considerara suficiente, pero no encontró nada. Con fondos de la Fundación Grove otorgados a la Sociedad Bíblica Americana, comenzó el trabajo en este proyecto.

En 2018, Harriet Hill elaboró un anteproyecto aproximado de los temas. Luego un pequeño grupo compuesto por Godfrey Loum, Uwingeneye Baraka Paulette, Charles Adu Twumasi y Margaret Hill, se reunieron con ella en Nairobi para determinar los temas de las lecciónes y desarrollarlos. Durante el año siguiente, Harriet Hill trabajó con esa información y completó la redacción de las lecciones. Varios facilitadores experimentados en la sanidad de traumas ayudaron a escribir y adaptar las historias. Los miembros del Consejo Asesor de Sanidad del Corazón, el Dr. Ricardo Winter, el Dr. Richard Baggé y el Dr. Phil Monroe dieron su opinión desde una perspectiva psicológica, y Peter Edman y Jeff Jue desde una perspectiva bíblica.

En octubre de 2019, un grupo de 30 facilitadores de *Sanar las heridas del corazón* de todo el mundo se reunió en Filadelfia para experimentar las lecciones. Este grupo y varios de la Alianza de Sanidad del Trauma acordaron probarlos en sus países y traducirlos a sus idiomas cuando fuera necesario. Para marzo de 2020, los comentarios de esos probadores pilotos se recibieron y se integraron en un borrador final.

Los esfuerzos, la experiencia y el arduo trabajo de muchas personas han contribuido a la creación del libro *De la debilidad a la fortaleza*. Nuestro agradecimiento a los mencionados, por nombre o grupo, y a todos los que no fueron mencionados. Y, sobre todo, nuestro agradecimiento por el consejo de la Biblia, que nos ayuda a navegar el trauma para que podamos recuperarnos e incluso prosperar.

Sobre la autora

La Dra. Harriet Hill se desempeñó como lingüista y traductora de la Biblia con Wycliffe Bible Translators y SIL Internacional de 1979 a 2010, y vivió en África occidental durante 18 años. De 2001 a 2020, estuvo involucrada en la sanidad de trauma basada en la Biblia y se desempeñó como la editora principal de los materiales. En 2003, completó su doctorado en Fuller Seminary. De 2010 a 2020, trabajó con la Sociedad Bíblica Americana en Sanidad de Trauma. Es autora de muchos libros y artículos sobre la traducción de la Biblia, el compromiso con las Escrituras y la sanidad de trauma, y se está desarrollando como artista.

www.ingramcontent.com/pod-product-compliance
Lightning Source LLC
Chambersburg PA
CBHW081559040426
42444CB00012B/3167